오지 말아야 했다. 아니, 꼭 와야만 했다.

25박26일 치앙마이 불효자 투어

교정 교열 큰 도움 주신 독자님

정순자
김정희
김소리
이민정
조보경
옥보경
김현숙
안현진
오희연
김창용

모두 감사합니다. 넉분에 좋은 책이 됐습니다.

어머니, 아버지 다시는 오지 맙시다
대환장 치앙마이 한 달 살기

25박 26일
치앙마이
불효자 투어

박민우 지음

Prologue

25박 26일
지옥과 천국을 오가는 놀이

책을 집어 들고 휘리릭, 살까 말까, 볼까, 말까, 그러다가 이 페이지와 마주쳤다고 생각할게요. 표지 정도는 보셨을 테고, 작가 소개와 목차는요? 안 보셨다면, 일단 한 번은 보고 오셔요. 제가 어떻게든 책을 팔아야 해서, 긴장이 좀 되네요. 그동안 목이라도 축이고 있을게요. 안녕하세요. 저는 여행작가 박민우예요. 이런저런 여행기를 썼어요. 작가 소개를 보고 오셨을 테니까, 책 이름은 언급 안 할게요. 인생 책이라는 둥, 최고로 재밌는 여행기였다는 둥 극찬도 더러 듣긴 했는데, 반은 흘려들어야겠어요. 100% 사실이었다면 제가 이렇게 찢어지게 가난할 리가 없잖아요? 박민우라는 이름도 처음 들으시나요? 괜찮아요. 서운하다니요?

　'효리네 집'에서 아이유가 나왔잖아요. 천하의 아이유도 몰라보는 사람이 대한민국에 있던걸요? 저를 아는 사람이 특이한 거예요. 모르셔야죠. 이렇게 인사드리게 되어서 그저 반갑습니다. 저를 아는 분들이야 당연히 책을 구입하실 테고, 저를 모르시는 분들께만 영업할게요.

　요즘이 어떤 시대인데 책을 그냥 사나요? 책값은 좀 비싼가요? 그러니 진짜 좋은 책을 사고 싶은 건 당연한 거예요. 이 책은 그런데 무조건 사세요. 길이 남을 고전이 될 테니까요. 무슨 자신감이냐고요? 100만 부 팔려고 작정하고 쓴 책이거든요. 부모님까지 팔았어요. 너무 궁지에 몰리니까 패륜의 글쓰기가 술술 나오던데요? 이 책 팔아서 저 남미 가야 해요. 1년간 남미를 한 번 더 떠돌 작정이거든요. 한 권, 한 권 팔면 밥값이 되고, 방값이 되는데 물불 가리게 생겼나요?

2019년 어머니, 아버지를 모시고 치앙마이와 빠이를 다녀온 기록이에요. 한 달 1만2천 원을 받고 일기를 발송하는 구독 서비스를 제가 또 하고 있지 않겠습니까? 열심히 산다고 쓰담쓰담 좀 해주시겠어요? 부모님과의 치앙마이 일기가 폭발적인 인기였어요. 난리였죠. 지금까지 제가 썼던 그 어떤 책 보다 자극적이고, 배꼽 빠진다면서요. 사람들이 참 못됐어요. 당사자는 괴롭다고 울부짖는데, 그걸 그렇게나 좋아라 하더군요. 막장인가? 패륜인가? 줄타기는 서커스에만 있는 줄 알았더니요. 여행에도 얼마든지 있더라고요. 이 책이 그 증거물이에요. 이 책 정말 좋은 책이에요. 왜냐면 제가 울었거든요. 글 쓰면서 울면 좋은 책이 나오더라고요. 우리 영원히 못 살잖아요. 가족도 결국 헤어져야 할 때가 오고요. 그걸 깨닫는 과정이 담겨 있어요. 감추지 않고 다 썼어요. 내 얘기지만, 여러분 이야기이기도 해요. 늙어가는 부모, 자기만 잘난 줄 아는 자식, 우리에게 있는 적나라한 모습이 책에 살뜰히 까발려져 있어요.

　　1인 출판사 차리고 처음으로 내는 책이에요. 제가 사장인 거죠. '도서출판 박민우'. 이름이 이런데, 사장이 김상진이나 차승훈이면 이상하지 않겠어요? 보통 작가 인세가 10%인데요. 이 책은 파는 족족 다 내 돈이에요. 그러니 눈에 불을 켜고 팔고 싶지 않겠어요? 눈에 불을 켜고 썼으니, 한 권 데려가셔요. 일기로 연재할 때도 바로 내라고 성화였는데, 백만 부 팔아야 해서 다듬고, 또 다듬었답니다. 그러니 백만 부 팔아야죠. 말이 씨가 된다는 속담이 있어서 저는 마냥 기쁘답니다. 여러분만 믿습니다. 재밌게 읽어 주시고, 널리 알려 주시면 기적이 기적이기만 하겠습니까? 그 기적이 엄연한 현실이 되어 신한은행 통장에 차곡차곡 입금되게 도와주셔요. 지금 스타벅스인데 카푸치노 한 잔에 케이크까지 주문해서 먹겠습니다. 다 여러분 주머니에서 나온 돈으로 먹는 겁니다. 책으로 재벌이 나오는 사회가 비트코인 재벌보다는 낫지 않겠습니까? 저를 응원하는 그날부로 여러분은 건강한 세상에 일조하게 되시는 겁니다. 다섯 권 주문이요? 너무 무리하시는 거 아닌가요?

괜히 얼굴이 붉어지네요. 좋다 마다요. 좋고, 그러면서도 부끄럽고, 다 잘될 것 같아서 신나기도 하고. 얼굴이 사과처럼 붉어졌어요. 여러분 덕분입니다. 나이 쉰에 스무 살처럼 발그레해졌다니까요.

2024년 1월
이미 책재벌 박민우 대표 올림

등장인물 소개 및 가계도

아버지 박상원(1946년 생)

전직 서울 우유, 빙그레 우유 배달부, 미아리 구멍가게 사장, 무려 삼승공업 사장(삼성 아니고, 삼승. 자동차 부품 회사였음), 지금은 공공 근로 초등학교 교통 지도로 30만 원을 벌어 오심. 가장 좋아하는 음식은 홍어, 육회, 싫어하는 음식은 우리나라 음식 빼고 전부. 예외라면 인도에서 온 카레 정도? 오뚜기에서 만들었으니 순수 국산 음식이 아니겠느냐. 그래서 흡족하게 즐기시는 편. 자존심이 강하시고, 대인 관계는 두루 원만하지 않으시며, 반남박씨 후손임이 유일한 자랑이신 분.

어머니 이명심(1949년 생)

전직 구멍가게 사장, 지금은 전업주부. 부업으로 신발 깔창 오리기, 봉투 붙이기, 이불 홑청 수놓기(꽃이 수박만 했음), 삼양라면 스프에 들어가는 마늘까지 등을 하심. 한국전쟁 1·4후퇴때 기차 지붕에 꽁꽁 묶인 채 부산으로 피난을 가셨는데, 갓난쟁이 손이 꽁꽁 얼어 버려서 지금도 추위라면 질색하심. 그래서 늘 따뜻한 나라를 그리워하심. 친구가 많고, 모임도 잦으신 편. 여행과 음식에 대한 호기심이 아들 뺨칠 정도라 20년만 늦게 태어나셨어도 지구를 떠돌며 혼자 사셨을 듯. 아들 박민우는 시대를 잘못 만난 어머니 덕에 세상 빛을 보게 된 행운아인 셈.

아들 박민우(1973년 생)

1년 중 평균 9개월은 방콕에 머물고 있음. 나머지 석 달은 그럼 뭘 하냐면, 또 여행 다님. 미국도 가고, 아프리카도 가고, TV 프로그램 출연 제의가 들어오면 그 핑계로 또 나가고. 여행하고 글을 쓰는 사람이니 욕할 수만은 없으나, 경기도 광주 인근 10km를 벗어나지 않는 부모님의 삶과 비교하면 방탕하기 짝이 없음. 죄책감이 불편한 지점에 이르자, 방콕 한량 박민우는 부모님을 초대하기로 함. 흔한 여행 말고, 26일을 지지고 볶기로 함. 대신 일흔이 넘은 어머니와 아버지는 스스로 알아서 치앙마이까지 오셔야 함. 통장 잔고는 2백만 원이 전부. 뭐, 어떻게든 되겠지. 지금까지 그렇게 살아 왔고, 거짓말처럼 어떻게 되기는 했음.

목차

프롤로그 · 25박26일 지옥과 천국을 오가는 놀이   7

1. 아들아! 엄마도 한 달 살기 해보고 싶다   17
2. 쌀국수가 천오백 원? 50만 원이면 한 달 뒤집어쓰겠네?   23
3. 어머니, 아버지 궁전 같은 방을 준비했어요   33
4. 영어로 26일이 뭐라고? 트웬티 씨익스 데이즈?   41
5. 막무가내 어머니 VS 싸가지 아들   49
6. 아들아, 똥이 마려운 것도 눈치를 봐야 하느냐?   57
7. 아들아, 네 꼬락서니가 참 마음에 안 드는구나!   67
8. 이쑤시개 주스는 이명심 씨 작품   77
9. 도대체 치앙마이가 뭐가 좋다는 거냐?   91
10. 멋진 일출로 찢어진 가족을 구해낼 것   103
11. 아버지 남이 먹다 남긴 걸 왜 드세요?   113
12. 어머니, 부엌에서 뭔가가 타고 있어요   121
13. 뭘 귀찮게 방을 옮겨! 그냥 있어   131
14. 아버지 왜 화만 내시냐고요!   139
15. 특명, 아버지 입에 맞는 태국 음식을 찾아라!   147
16. 아들아! 금발의 저 아이와 사진 한 장 찍게 해다오   157
17. 어머니 물맛이 왜 이래요?   167
18. 세제를 먹고 난 후에 마시는 카푸치노는 꿀!   177

19. 나를 찾아온 젊은 작가　　　　　　　　　　　　183
20. 아가씨 어디에서 왔소? 나 좀 가만히 내버려 두세욧　　193
21. 이따위 식당에 기죽을 아비로 보였냐?　　　　　201
22. 나에게 슈퍼맨이 필요해, 땅 형님 도와줘요!　　209
23. 화장실 두 개, 하지만 저렴한 방을 찾아낼 것　　217
24. 사장 나오라고 해, 당장!　　　　　　　　　　　225
25. 오늘 같은 날을 위해 20일을 기다렸다　　　　231
26. 내가 쏜 화살이 명중! 어머니, 아버지는 말을 잇지 못하셨다　239
27. 치앙마이가 교통지옥이 되다니!　　　　　　　245
28. 내가 네 친구냐? 감히 아비 말을 끊어?　　　　251
29. 피가 마르는 30분, 어머니 제발 전화 좀 받으세요　257
30. 우리는 대한민국 1% 가족　　　　　　　　　263
31. 내 아들은 유명한 여행작가요! 아, 아버지, 확성기 드려요?　271
32. 내 아들은 가문의 자랑　　　　　　　　　　　279
33. 참 따뜻한 죽음, 치앙마이의 오후　　　　　　287
34. 왜 밥이 이것뿐이냐?　　　　　　　　　　　　295
35. 가장 감명 깊은 위인전 박상원, 이명심　　　　301
36. 늙어가는 어머니, 아버지. 나의 미래를 본다는 것　309

에필로그 · 아버지, 일어나셔요　　　　　　　　　317

1

아들아!
엄마도
한 달 살기 해보고 싶다

- 엄마도 그 한 달 살기인가 뭔가 해보고 싶다. 길거리 음식도 먹어보고 싶고. 한국은 너무 추워. 아버지는 가기 싫다 하시네, 나라도 가련다.

일흔이 넘어도 여행을 꿈꾸시는 어머니. 그 연세에 호기심으로 반짝인다는 것만으로도 큰 축복이 아닐 수 없다. 병시중도 아니고, 한 달 살기쯤이야. 아버지도 말로만 싫다 하시는 거겠지. 아이고, 아버지 저만 믿고 그냥 오세요. 이 말씀이 듣고 싶으신 거겠지. 전화를 건다.

- 아버지, 저만 믿고 오세요. 아무 걱정 마시고요.

12월 말 인천에서 치앙마이로 가는 비행기를 한번 보자. 대한항공이 80만 원대, 제주항공이 60만 원대. 뭐가 이렇게 비싸? 12월 성수기 항공권 가격은 이렇게나 자비가 없다. 그나마 더 저렴한 제주항공을 클릭한다. 아들 없이 70대 노부부가 치앙마이로 오실 수 있을까? 어머니는 전생에 장군이셨으니 뭐 크게 걱정 안 한다. 누구든 붙잡고 사정사정하시겠지. 헤매더라도, 결국 만나게 되어 있다. 어머니, 아버지! 아들은 치앙마이에 먼저 가 있을게요. 두 분 손 꼭 붙잡고 무사히 오셔야 해요.

중학교 때였나? 어머니가 위중하시다. 아들 등록금을 어머니 병원비로 쓸 것인가? 대학 등록금으로 쓸 것인가? 이런 주제로 토론을 한 적이 있다. 나만 등록금이 먼저라고 했다. 어머니는 사실 만큼 사셨으니, 젊은 아들이 먼저라고 생각합니다. 우리 반 유일의 패륜아였다. 몇몇 놈들은 대놓고 나를 욕했다. 말을 인정머리 없이 한 건 인정한다. 앞길이 구만리인 아들의 미래가 노인의 목숨값보다 못하다고? 100이면 90은 나처럼 행동할 거면서 천사인 척하기는. 나는 물러서지 않았고, 입으로만 효도하는 친구들을 비웃었다. 지금도 그때 생각에서 크게 달라지지 않았다. 결혼을 안 했고, 아이가 없을 뿐…. 가정이 있었다면, 내 새끼, 내 식구가 먼저였을 것이다. 그런데 왜 갑자기 효자 흉내냐고? 효자가 아닐 뿐이지, 악마도 아니다.

연로하신 부모님이 아들과의 여행을 원하신다. 보상을 생각하고 먹여주고, 재워주신 건 아니겠으나 충분히 요구할 수 있다고 본다. 아들이 꽤 알려진 여행작가니까 '한 달 살이'도 가능하겠지. 합리적인 기대라고 생각한다. 부채 의식은 불편하다. 부모님이 먼저 세상을 떠나실 경우, '그날' 무척이나 아릴 것이다. 후회할 것이다. 치앙마이를 한 달이나요? 그냥 3박 4일로 갑시다. 이랬다가는 장례식장에서 펑펑 울겠지. 장례식장의 눈물만큼 쉬운 게 있을까? 화장장으로 들어가기 전까지 사력을 다해 울면 자식 된 도리는 다 한 게 되나? 흔해 빠진 자식이고 싶지 않아 이 여행을 기획했다. 한 달, 정확히는 26일간 지지고 볶게 될 것이다. 대신 장례식장에선 울지 않는 상주가 되겠다. 한 방에서 우린 같이 잔다. 따로 방을 잡으면야 더할 나위 없이 좋겠지만 그럴 돈이 없다. 아버지는 얼마 전까지 돼지 창자를 세척하셨다. 월급이 제법 괜찮은 직장이었지만, 직장 동료와 크게 싸우고 그만두셨다. 최근에는 공공근로로 공원 청소를 하신다. 149cm 키로 나와 형을 키우셨다. 아들 덕을 보실 때도 됐다.

지금 통장엔 200만 원이 전부. 어머니, 아버지 항공권을 결제했더니, 통장 잔고는 먼지처럼 주저앉았다. 무수한 정자 중 최고의 정자가 내가 됐다. 어머니 자궁 속 나는 그 어떤 두려움도 없었을 것이다.

그때의 나로 돌아가야 한다.

2

쌀국수가 천오백 원?
50만 원이면
한 달 뒤집어쓰겠네?

태국 치앙칸 카페 반팃딘(Baan tid din)

- 땅이한테 선물로 20만 원 정도 가져갈까 하는데, 태국 돈으로 바꿔서 가지고 가면 돼?

방콕에서 신세를 많이 지고 있는 태국인 형님 별명이 땅이다. 태국 사람은 별명을 이름 대신 쓴다. 정식 이름은 훨씬 길고 복잡하다. 어머니, 아버지가 방콕에 오셨을 때, 땅 형님이 회사에 월차까지 내고 어머니, 아버지를 모셨었다. 운전에, 호텔에, 밥값까지, 우리 아들 하자. 어머니는 농담이셨겠지만, 그 농담이 너무 잦으셨다. 방귀가 잦으면 똥이 나온다는 속담을 대입해 보면, 한국 아들 둘과 바꾸자로 해석이 가능하다. 실제로도 그렇게 들렸다. 어릴 때부터 그렇게 남의 집 자식들과 비교하고, 탐내시던 어머니는 이제 태국 아들까지 넘보고 계셨다.

- 땅 형 선물은 인터넷으로 제가 주문할 거니까요. 그 돈은 여행 경비로 쓸까요?
- 그럼 20만 원을 태국 돈으로 바꿀까? 미국 돈으로 바꿀까?
- 아, 그게요. 나중에 어머니랑 이야기할게요.
- 뭐, 대단한 거라고 뜸을 들여? 미국 돈이 좋아? 태국 돈이 좋아?
- 저, 아버지. 그러니까 저, 좀 더 돈을 가져오셨으면 해서요.
- 그거였어? 50만 원이면 돼?
- 아, 아뇨. 100만 원요.

얼굴이 화끈거린다. 무조건 오시라, 걱정 말고 오시라. 큰소리칠 땐 언제고, 이젠 돈 좀 보태 달라고 사정하고 있다. 어머니에겐 들켜도 된다. 아버지에겐 싫다. 어머니와는 한 몸이다. 어머니 몸에서 내가 나왔으니까. 아버지는 한 몸까지는 아니다. 반 몸 정도라고 해두자. 결국 가난뱅이 아들의 정체가 아버지에게 들통나고 말았다. 어머니, 아버지는 태국 치앙마이에서 12월 26일부터 1월 21일까지 머무르신다. 거의 한 달이다. 일단 항공권은 내 돈으로 끊었다. 아들이 비용을 전부 부담하는 게 물론 가장 아름답다. 그래도 100만 원 정도는 가져오셨으면 한다. 항공권, 방값, 식비, 보험료, 교통비, 쇼핑, 입장료, 투어 등등 아무리 아껴 써도 사오백이다. 내 통장엔 200만 원이 전부다. 무슨 배짱으로 일을 벌였을까? 아버지는 태국 쌀국수가 얼마냐고 자주 물으신다. 쌀국수가 1천500원인 나라니까, 물가가 한국 6분의 1 정도겠네. 아버지 계산대로라면, 50만 원으로 한 달 세 식구 쓰고도 남아야 한다. 쌀국수만 매일 먹을 순 없다. 아버지는 향에 민감하시다. 태국 음식이 잘 안 맞으실 거라는 얘기다. 태국에서 한식은 한국보다 비싸고, 여행사를 통해야 하는 투어는 절대 싸지 않다.

머릿속으로 계산기를 돌린다. 하아, 한숨부터 나온다. 감당할 수 있을까? 부모님과 여행하면서까지 청승 떨고 싶진 않다. 이왕이면 근사한 호텔에서도 이삼일 묵어 보고 싶다. 어머니, 아버지가 언제 또 오실 줄 알고. 그런데 돈이 없다. 무슨 생각으로 오시라고 한 거냐고?

- 작가님, 이번 여행 밥값을 좀 보내드리고 싶어서요. 계좌 번호 좀 불러 주세요.

누구지? 이런 메시지를 받으면 난감해진다. 기다렸다는 듯이 계좌 번호를 부를 수도 없다. 그 밥값은 도대체 얼마일까? 궁금해 미치겠다. 나를 '작가님'이라 부르는 사람이다. 작가님이라는 세 글자가 갑자기 무서워진다. 넙죽 계좌 번호를 말하면 앵벌이, 극구 사양해야 '작가님'이란 것 정도는 알고 있다. 거지 근성으로 가득하지만, '작가님'이란 호칭을 포기하고 싶지는 않다.

- 정기 구독을 하시는 건 어떨까요? 한 달에 1만2천 원입니다. 제 글을 메일로 받아 보시는 구독 서비스예요.

나는 좀 특이하게 먹고 산다. 매일매일 글을 써서 한 달 1만2천 원 구독료를 받고 판다. 이슬아 작가가 제일 먼저 시작한 걸로 안다. 벼랑 끝에 내몰려야 나올 수 있는 아이디어다. 누가 메일로 보내는 글을 돈 주고 사 볼까? 꼰대 박민우는 누군가의 글을 거금 1만2천 원을 내고 읽을 의향이 없다. 순진한 사람들 삥뜯는다는 죄책감에 오랜 시간 괴로웠다. 지금은? 글을 받아 보는 사람이 행운이라 생각한다. 굶어 죽을 것인가? 1만2천 원으로 어떻게든 살아남을 것인가? 생의 의지로 펄떡거리는 글이다. 잘 쓰고, 못 쓰고를 떠나서 빛나는 글이라 생각한다. 정기 구독 계죄를 보냈더니 30만 원이 들어왔다. 왜 1만2천 원이 아니라 30만 원인 거지? 물론 1만2천 원만 기대한 건 아니다. 왜 1만2천 원이 아니라 30만 원이란 거금을 보내셨나요? 이렇게 당황하고 싶다. 깜짝 놀라 자빠지고 싶다. 누굴 거지로 아느냐며 항의하고 싶다. 그런데 좋아 죽겠어서, 각설이춤이라도 덩실덩실 추고파서 나란 새끼가 참으로 가증스럽다.

– 작가님, 제가 요즘 글을 읽을 여유가 안 돼요. 구독 서비스는 다음에 신청할게요. 작가님은 20대 때 새로운 곳으로 갈 수 있는 용기를 주신 분이에요. 작가님의 책을 읽고 해외여행을 꿈꾸게 됐답니다. 그 덕분인지 저는 지금 스페인에 살고 있어요. 맛있는 식사 하시면, 제게도 풍성한 가을이 될 것 같아요.

기부자의 정체는 내 책을 재미나게 읽은 독자다. 2007년 〈1만 시간 동안의 남미〉가 세상에 나왔을 때 난 재벌이 될 줄 알았다. 이렇게 획기적으로 재미난 책을 신이시여, 정녕 제가 썼단 말입니까? 셀프 감동으로 핏줄이 다 파르르 떨렸다. 100만 권은 족히 팔릴 테니, 아파트는 합정동에 구하고, 남은 돈으로 이탈리아 아말피 해변에서 그물침대에 짓눌려져서는 늙어가야지. 〈1만 시간 동안의 남미〉는 1,2,3 총 세 권이다. 세 권 합쳐서 5만 권 정도 팔렸나? 그 인세로 그럭저럭 굶지 않고 살아냈다. 실망스러운 결과지만, 어떤 결과든 받아들이게 되어 있다. 결과로 인생이 달라지지는 않는다. 잠깐의 감정적 변화가 고작이고, 다시 무언가를 새로 시작해야 한다. 승리에 도취하거나, 패배에 고립되는 건 각자의 선택이겠으나 둘 다 억지다. 붙들고서 어쩌자는 건가? 흐르지 않으면 썩는다. 용케 썩지 않고 버티는 중이다. 가난뱅이 글쟁이는 살아남았으므로 대견하다.

그런데 왜 구독을 안 하시겠다는 거지? 이 큰돈을 그냥 받으라고? 내 책으로 인생이 달라졌다잖아. 받을 자격이 되니까 이런 돈도 들어오는 거야. 어찌 됐건 살았다. 한숨 돌릴 수 있게 됐다. 이 돈이면 어머니, 아버지 모시고 오성급 호텔에서 이틀도 잘 수 있다. 씨티은행으로 들어온 30만 원 숫자에서 광채가 뿜어져 나온다. 앞으로도 이런 돈이 불쑥불쑥 들어오길 바란다. 아니, 들어와야 한다. 내 통장 잔고는 우유니 소금사막의 선인장이다. 뭔 개소리냐면, 불가능하지만 불가능하지 않다는 얘기다. 모래도 아니고 소금 바닥에서 어떻게 식물이 자라지? 보면서도 믿기지 않았던 선인장을 우유니 소금사막에서 두 눈으로 똑똑히 목격했다. 개중엔 1천 살 먹은 놈도 있었다. 1년에 1mm 그 굼뜬 속도로 결국 나보다 크고, 위대해졌다. 선인장이 소금을 먹고 꽃까지 피우는데, 이 여행이 왜 불가능해? 이파리도 사치, 살아남으려면 싹 다 가시로 바꿔버렷. 선인장으로 진화하기까지 타는 갈증을 견디고, 죽어가고 했을 것이다. 내 통장은 말라 죽지 않고, 끝까지 견뎌 결국 꽃까지 피우게 될 것이다. 하아, 눈물이 왈칵 쏟아진다. 왜 우는 거야, 이 등신아! 그래 주접 떨거면 지금 다 떨어라. 내가 그런 책을 썼단 말이지? 누군가의 삶이 송

두리째 바뀌는 그런 책을.

합정동 아파트 vs 30만 원

합정동 아파트가 훨씬 짜릿하지만, 30만 원도 충분히 거룩하다. 나는 분명 웃으며 죽을 거다. 세상은 불공평하고, 나는 특별히 더 사랑받고 있다.

어린 아들은 궁전 같은 집을 약속했다. 어머니는 드레스를, 아버지는 연미복을 바꿔가며 매일 무도회에서 춤을 추게 되시리라. 그 유치한 꿈을 성인 버전으로 업그레이드하고자 한다. 왕도 안 부러운 여행이 될 것이다. 왕궁이나 드레스는 없지만, 태어나기를 잘했다. 아들 낳기를 잘했다. 그런 생각이 열 번, 스무 번 드시게 해 드릴 참이다. 펑펑 울었더니 진이 다 빠지네. 실컷 울었으니, 웃을 일만 남았다. 어머니, 아버지 어서 오셔요. 실컷 웃으며 치앙마이를 접수해 보자고요.

3

어머니, 아버지
궁전 같은 방을 준비했어요

에어비엔비로 빌린 숙소 루프탑 수영장

- 어머니, 택배가 여러 개 갈 거예요. 땅 형님에게 줄 선물이니까요. 안에 든 박스는 뜯지 말고, 그냥 가져오세요.
- 왜, 어미가 좀 뜯어 보면 안 되냐?

 선을 긋는 아들이, 일흔 넘은 여인은 서운하기만 하다. 아들이 사경이라도 헤매 봐라. 간도, 신장도 떼어 줄 수 있는 사람은 엄마뿐. 그러니 아들아! 팍팍하게 굴지 좀 말거라. 택배가 콘돔이면 어떻고, 자위 도구면 또 어떠냐? 우리 아들 건강하네. 이러고 말 사람 역시 엄마뿐. 엄마와 아들 사이에 흉이란 있을 수 없단다. 뿌리가 한 몸이니, 끝까지 한 몸으로 살다 죽자꾸나. 그러니 그깟 택배는 언제든 열어 보게 해다오.

 선물할 거니 포장만 뜯지 말아 달라. 이걸 이해 못 하신다고? 떼를 쓴다고 들어줄 거면, 어머니도 제가 반찬 투정할 때 비엔나소시지라도 볶으셨어야죠. 여덟 살 아이 등짝을 갈기고, 쫄쫄 굶긴 분이 누구셨더라? 그럼 뭐, 어머니는 외할머니와 평생 한 몸이셨나요? 싸우자는 게 아니라요. 포장 뜯으면 헌 거 되는 거예요. 선물은 폼인 거 모르세요? 어쨌든 정신이 번쩍 들게 해 주셨어요. 여행작가니까, 태국에서 10년 넘게 살았으니까 어머니, 아버지와의 여행은 식은 죽 먹기라 생각했거든요. 극기 훈련이라 생각할게요. 나이를 먹으면 아이가 된다더니 어쩜 그러세요? 우리 긴 여행이 처음은 아니죠? 형이 있는 아르헨티나를 함께 다녀왔잖아요. 그때 아버지는 이과수폭포 아래서 똥을 지리셨더랬죠.

뷔페에서 나온 밥에서 수상한 맛이 난다 하셨는데, 정말 상한 거였나 봐요. 이과수폭포 물줄기로 배가 출렁일 때, 저는 짜릿했거든요. 꿈이야? 생시야? 세계에서 제일 큰 폭포 밑으로 쑥 들어가는 배를 타볼 줄 누가 알았겠어요? 아버지도 감동에 몰입하시는구나 했죠. 새어 나오는 물똥을 막으려고 사투를 벌이시는 중이란 걸 짐작이나 했겠느냐고요? 그때 아버지를 구한 건 누가 뭐래도 어머니였어요. 똥바지와 팬티를 이구아수 폭포 냇물에 척척 빨아서 다시 아버지에게 건네시는 동안, 아들은 입만 뻐끔뻐끔, 우리에게 일어난 일이 꿈이기만을 바랐죠. 아버지가 덤불에서 벌벌 떨고 계실 때도, 응급 구조대원이 온몸에 샴푸를 뿌리며 닦아낼 때도 아들은 우두커니 서 있기만 했어요. 참으로 쓸모없는 아들이었죠.

수동식 비데로 물을 받아서 마시던 어머니, 브라질 호텔에서 고래고래 소릴 질렀던 몹쓸 아들을 기억하세요? 모양이 이상하다 싶으면 물어라도 보셨어야죠. 그거 똥 누고 똥구멍에 쏘는 물 호스예요. 왜 하필 똥구멍 호스로 물을 받아 드시냐고요? 왜, 왜 아들까지 생수라며 먹이셨냐고요? 똥물이랑 뭐가 달라요? 대놓고 어머니를 모욕했더랬죠. 결국 다급할 땐 어머니뿐이었는데도요. 어머니 아니었으면 이구아수 폭포에서 숙소로 돌아갈 때까지 아버지는 내내 똥바지였을 거예요.

어제는 에어비엔비로 숙소를 예약했어요. 첫 5일 묵을 숙소예요. 1

박에 6만 원 방이에요. 어머니, 아버지는 한 달 30만 원 월세방을 예상하셨죠? 무조건 아껴야 한다. 그렇게 집 장만하고, 형과 나, 둘을 키우셨으니까요. 한 달 내내 같은 방은 좀 지루하잖아요. 우리 이 방, 저 방 바꿔가면서 여러 생을 살아 봐요. 큰마음 먹고 구한 거예요. 나이 쉰이 내일모레인데 6만 원 방으로 생색을 냅니다. 부끄럽기만 한 아들이에요.

침실은 밝고, 창밖 풍경도 예쁜 방이에요. 도착하면 밤이니까 이 풍경을 보지 못하셔요. 아침에 커튼을 걷으면 그때 치앙마이가 온전히 드러날 거예요. 이런 걸 연출이라고 하죠. 어제는 몰랐던 아침을 선물 받게 되십니다. 느닷없이 쏟아지는 아침이 신통방통하실 거예요. 이번 생은, 살던 대로만 사실 줄 아셨죠? 부자의 아침이 될 거예요. 세상 다 가진 기분이 부자 아니고 뭐겠어요?

아침은 시장에서 사 온 죽이나, 쌀국수 어떠셔요? 어머니는 그 누구보다 'EBS 세계 테마 기행' 광팬이시죠. 길거리 음식이 제일 궁금하다. 싸고 맛있는 쌀국수를 실컷 먹고 싶다. 자주 말씀하셨더랬죠. 어머니 소원이 이루어지는 아침이겠네요. 시장에서 바리바리 사 들고 와서는 그릇에 담을게요. 한국에선 딱히 대화가 없었지만, 조잘조잘 태국이니까, 치앙마이니까 한마디라도 더 하는 아들이 될게요.

아버지가 걱정이긴 해요. 한국 음식이 최고인 옛날 분이시잖아요.

아무래도 김치를 조금 담글까 봐요. 김치만 있어도 어떻게든 드실 테니까요. 사과를 듬뿍 넣은 저만의 특제 김치가 너무 맛있어서 깜짝 놀라실걸요? 돼지고기 수육에 김치를 돌돌 말아서 낼까 봐요. 한국보다 더 맛있는 보쌈을 태국에서 드시게 될 거예요. 아들 솜씨가 끝내준다는 걸, 이제야 알게 해 드려서 죄송해요.

수영장에서는 고스톱 좀 치셔도 돼요. 영화에서나 나올 법한 옥상 수영장에서 화투를 치시게 될 줄이야. 어이가 없어서 헛웃음이 나시나요? 그래도 어머니는 감시 잘하세요. 아버지가 또 화투패 숨겨서, 어머니 돈을 홀라당 따가실지도 모르니까요. 아버지 바짓가랑이 붙들고 돈 내놓으라고 사정해도 소용없는 일이란 거 아시죠? 도란도란, 사이좋고, 정직한 고스톱을 즐겨 주세요. 수영장이 있는 저택에서 고스톱도 쳐 보셨으니 이젠 재벌 부러워하지 않으셔도 돼요. 치앙마이에선 어머니, 아버지가 재벌이에요. 어깨 펴고 당당히 다니셔요.

어머니! 전기세, 수도세 아낀다고 손빨래하시죠? 이 방엔 드럼 세탁기가 있어요. 물만 많이 쓰고 잘 안 빨린다더라. 드럼 세탁기 사 드린다니까 싫다셨죠? 써보면 생각이 달라지실걸요? 여기서 실컷 쓰세요. 나이 드실수록 향긋해야 한대요. 섬유 유연제 냄새 폴폴 나야 사람들이 안 도망간대요. 치앙마이에선 다우니로 빨래해 보세요. 우리나라에선 피존만 쓰셨잖아요. 미국 냄새로 세련되게 치장한 할머니, 할아버지가 되어 보세요. 저는 이미 설레고 있어요. 어머니, 아버지도 설레시나요? 2019년을 누구보다 근사하게 마무리할 수 있겠어요. 이런 뜻밖의 여행놀이, 남은 인생 스무 번만 더 해 봐요. 서른 살, 마흔 살보다 더 재미난 일흔 살이 왜 불가능한가요? 인생의 전성기는 만들기 나름 아니겠어요? 우리의 전성기는 이제 시작이에요. 어머니, 아버지 아들로 태어나길 잘했어요. 저의 어머니, 아버지가 되신 걸 축하드려요. 우린 잘 빚어진 가족이로군요.

참으로 좋은 생을 살고 있어요.

4

영어로 26일이 뭐라고?
트웬티 씨익스 데이즈?

- 그러니까, 26일이 영어로 뭐라고? 트웬트? 트웬티 씨익스 데이즈?

어머니, 아버지와 카톡 음성 통화를 한다. 우리가 만나기 전까지는 매일 특훈이다. 입국 카드 쓰는 법, 유심칩 바꾸는 법에 대해서 몇 번을 반복했는지 모른다. 공부에서 반복과 횟수를 이길 방법은 없다. 일흔을 넘은 어머니, 아버지가 과연 무사히 치앙마이까지 오실 수 있을까? 아, 무슨 일이 있어도 해내셔야 한다. 너무 무모한 일을 벌인 건가? 벌써부터 막막하고, 벌써부터 후회막심이다.

- 유심칩이 택배로 갈 거예요. 가까운 스마트폰 가게 가서서 넣어 달라 하세요. 박카스라도 한 병 사 가시고요. 입국 카드는 정 안 되겠다 싶으시면, 비행기 승무원에게 물어보세요.

태국 유심칩을 인터넷으로 구매했다. 치앙마이 공항에서 연락이 안 될 수도 있으니, 미리 넣어서 가지고 오셔야 한다. 다른 나라 전화번호도 인터넷으로 얼마든지 주문이 가능한 세상. 로밍서비스가 편리하기야 하지만, 현지 통신 서비스가 훨씬 저렴하다. 더 저렴한 게 있으면, 그걸 쓴다. 우리 집 상식이다. 치앙마이 출입국에서 태국에 얼마나 머물 거냐고 물으면 어쩌지? 영어로는 ABC도 제대로 못 쓰시는 어머니, 아버지가 뭘 하실 수 있을까? 입도 안 떨어지실 텐데, 우물쭈물하다 추방이라도 당하시면 큰일이다. 우리는 총 26일, 스물여섯 날을 머문다. 트웬티 씨익스 데이즈. 어머니는 열심히 한글로 받아 적으신다.

- 한 번 더 읽어 볼란다. 트웬티 씨익스 데이즈. 맞어?

오오, 얼추 비슷하다. 설리반 선생이 안 들리고, 안 보이는 헬렌 켈러(미국의 작가, 사회주의 운동가. 보지 못하고, 듣지 못했다)를 가르칠 땐 나보다 훨씬 더 막막했으리라. 사물에 각각의 이름이 있다는 것조차 이해시키기 어려웠던 헬렌 켈러, 마침내 물은 물이고, 나무는 나무로다. 펌프에서 나오는 물을 손으로 적셔가며 비명을 지르던 헬렌 켈러와 그런 헬렌 켈러를 보며 전율하던 설리반 선생, 흑백 영화 속 그 장면이 용케도 떠오른다. 영어의 세상은 어머니에겐 어둠 자체다. 그저 막막하실 텐데도 어쩜 저리 의욕이 넘치실까? 아버지는 못 가면 말고다. 이 모든 호들갑이 영 못마땅하시다.

어머니도, 아버지도 내겐 다 이상하다. 어머니는 뭘 기대하시는 걸까? 뭐가 그리 신나시지? 여행 경험이 많지도 않으신데, 그 몇 번의 여행이 숨넘어갈 정도로 좋으셨나? 아버지는 왜 장작처럼, 돌부처처럼 미동도 없으실까? 모든 감정은 프로야구에 다 쏟으신 건가? 비싼 돈, 시간 들여 여행한다는 것 자체가 아버지에겐 낭비인 건 아닐까? 어머니만 혼자 오시라 해야 했나? 두 분 중 누가 나를 더 힘들게 하실까? 종일 투덜

대실 아버지와 하나라도 더 봐야 한다며 나를 질질 끌고 다니실 어머니. 둘 사이에서 나만 피가 마르겠지. 고난의 시간이 꼭 나쁜 것만은 아니라서, 훗날 갸륵한 기억으로 미화됨을 믿는다.

'치앙마이에 데리고 가 줘서 고맙다.'

그 한 마디면 족하다. 나의 적은 어쩌면 나일 수도 있다. 혼자만 효자인 척, 이성적인 척, 억울해하고 생색내려는 나를 경계한다.

첫 5일은 치앙마이에서 머물고, 1월 1일 새해는 빠이에서 맞겠다. 빠이는 치앙마이에서 미니버스로 서너 시간 걸리는 산속 마을이다. 숲 속의 홍대 같은 곳, 문신과 맨발, 스쿠터와 야시장, 채식주의자와 주인 없는 개들이 휘청이는 곳, 몇 년 전 오토바이를 타고 가다 미끄러져서, 붕대를 칭칭 감고 절뚝거려야 했던 곳이기도 하다. 연말이라 빠이 방이 동이 났다. 그 정도로 기죽을 박민우가 아니지. 시내에서 차로 10분 거리, 평점 좋은 숙소를 찾아냈다.

- 일흔이 넘은 부모님을 모시고 가요. 괜찮을까요?
- 방이나 욕실은 계단을 이용하셔야 해요. 우린 상관없어요. 계단을 오르내릴 무릎만 튼튼하다면요.

질문에 답도 시원시원하고 친절하다. 에어비엔비로 찾은 방인데, 영국인 여자가 집주인이다. 빠이 중심가에서 꽤 들어가야 하지만, 과감하게 결제를 한다. 아버지는 한때 서울우유, 빙그레 우유를 배달하셨다. 구멍가게를 하실 때는 물건을 손수 떼 오셨다. 커다란 자전거에 당신 키보다 훨씬 높게 상자를 쌓고 페달을 밟으셨다. 나도 없는 오토바이 면허증도 가지고 계시니, 빠이에선 오토바이를 빌려야겠다. 어머니는 아버지 허리를 꼭 감고, 오토바이와 함께 빠이를 휘젓게 되신다. 나 없이도 빠이 구석구석을 알차게 뒤집고 다니실 어머니, 아버지를 상상하니 감개무량하다. 손짓 발짓으로 구멍가게에서 망고를 사고, 시장에서 수상한 음식 몇 개를 담아서 집으로 오시겠지. 나는 어머니와 아버지의 무용담을 흘려들으며 죄스러운 하품을 하게 될 테고….

　　들숨 날숨이 모두 맛난 밤, 뾰족한 수가 없으니 빠이에서도 화투를 꺼내실 거다. 하늘에 별이 원래 이렇게나 많았었나? 참말로 아까운 밤이요잉. 오래 살고 볼 일이랑께. 전화로 누군가에게 자랑하기에도 너무 늦은 밤, 그래서 우리 셋만 오롯한 밤. 그 밤이 얼마 남지 않았다. 그러니 트웬티 씨익스 데이즈를 열 번, 스무 번 매일 연습하셔요. 어떤 상황에서든 튀어나올 수 있도록요. 어머니는 하실 수 있잖아요. 전생에 장군이셨다면서요? 어서 오셔서 태국을 호령하셔야지요. 세상 가장 강한 나의 어머니, 역마살 아들을 한 시간 만에 순산하신 강철같은 나의 어머니.

5

막무가내 어머니
vs
싸가지 아들

2018년 대만 예류지질공원

나도 이제 방콕에서 치앙마이로 가야 한다. 기차표는 이미 매진. 편히 갈 팔자는 못 되는군. 야간 버스 타면 되지. 태국인 땅 형님이 기차표가 진짜 매진됐냐고 묻는다. 그럴 리가 없다면서 영문 이름이랑, 여권 번호를 달란다.

- 비행기 타고 가. 선물이야.

항공권이 이메일로 또르르. 이러려고 여권 번호를 물었던 거군. 나는 이런 선물도 받는 사람. 난생처음 비행기로 방콕에서 치앙마이를 다 가보게 생겼다. 보통은 호의를 불편해들 한다. 세상 공짜 없는 법이니까. 나는 하나도 안 불편하다. 언젠가 갚을 날이 오겠지. 잘도 받아 챙긴다. 누군가의 도움이 없었다면 그 비싼 뉴욕도, 샌프란시스코도 못 갔다. 어떻게든 되겠지. 신기하게도 '어떻게든 됐다'. 가난한 여행자는 어느 여행지든 쉽지 않다. 무슨 배짱인지 미국 여행을 결심했었다. 그 잘난 블루보틀 커피 맛이 너무너무 궁금했다. 믿는 구석이 없진 않았다. 뉴욕 롱아일랜드엔 한국에서부터 알고 지내던 박 선생님이 사신다. 방 있고, 밥 있으니 언제든 오라셨다. 가족도 아닌데 당연히 불편하지. 여든이 넘으신 박 선생님 부부에게 삼시 세끼를 매일같이 얻어먹을 생각을 하다니. 애초에 염치없는 계획이었다. 양해를 구하고 뉴욕 맨해튼으로 나왔다. 뉴욕 물가 비싼 건 알았지만 도미토리가 하루 8만 원이라니. 전 세계를 떠돌았지만, 듣도 보도 못한 가격이었다. 예산에서 방값을 빼면 삼시 세끼를 꼬박 챙겨 먹는 것 자체가 불가능했다. 1달러 피자가 맨해튼 시내에 여럿 있기는 한데, 몇 번 먹으니 구역질이 났다. 사람이 궁지에 몰리면 본색이 드러난다는데, 내 본색은 추잡하기 이를 데 없었다. 음식을 담아 무게로 값을 치르는 카페테리아였는데, 브로콜리 하나, 국수 한 가락도 다 돈이라 생각하니 마른침이 삼켜졌다. 계산대에서 음식을 들고 줄을 서다가 담은 음식에 고개를 파묻고 큼직한 고깃덩어리를 물었다. 꿀떡 펠리컨처럼 삼켰다.

그때 그 고기 한 점의 무게는 얼마였을까? 누군가는 그런 나를 발견하고 마음껏 비웃었을까? 그 알량한 고기 조각이 목구멍으로 이미 사라지고 없다는 사실에 똥꼬까지 짜릿했다. 삼킨 만큼 돈을 덜 내는, 세상 가장 구질구질한 도둑질이었다. 살인적인 물가에서 어떻게든 살아남고 싶었다. 하루라도 더 여행하고 싶었다. 하지만 고기 한 점 도둑질로 달라지는 건 없다. 그 몇 푼으로 형편이 나아질 거라 기대하니까 이 모양 이 꼴로 사는 것이다. 나는 뉴욕 시궁창의 쥐새끼, 공중화장실의 쇠파리였다.

― 아니, 꼭 그런 걸 적어야 해? 젊은 사람한테 물어보면 되지.

입국 카드 쓰는 법을 전화로 조곤조곤 또 설명한다. 어머니는 무작성 옆 사람에게 부탁하시겠단다. 부탁을 드릴 때 드리더라도, 노력은 하셔야죠. 아 다르고, 어 다르다고, 도와주고 싶은 사람은 노력하는 사람이다. 남에게 폐 끼치는 걸 당연하게 생각하는 사람을 누가 돕고 싶겠는가? 나의 어머니, 아버지가 비행기 진상이 되는 것을 원치 않는다. 꼬부라진 영어에 멀미가 나더라도 도전해 보셔야 한다. 정 안 되면 승무원에게 아쉬운 소리 하더라도 말이다. 막막함이 나쁜 것만은 아니다. 뇌를 자극한다. 뇌가 젊어진다. 치매 예방을 위해서, 비행기 안에서 마음고생 좀 해보시라. 입국 카드를 왜 써야 하는가? 그러게 말이다. 어머니 말씀대로 형식적이기만 한 종이 쪼가리는 진즉 없어졌어야 마땅하다. 그래도 어머니, 어째 좀 불길합니다. 로마에 가면 로마법을 따르셔야죠. 그렇게 삐딱선 타신다고, 어머니 중심으로 세상 안 돌아가요. 부에노스아이레스 공항에서 어머니가 콜라 쏟으신 거 기억하세요? 쏟을 수야 있는데, 미안한 표정 정도는 지어 주셨어야죠.

- 청소하는 사람도 있는데, 왜 나한테 눈을 부라리냐?

뭐가 그리 당당하신지, 남들처럼 돈 있고, 힘 있었으면 남부럽지 않은 진상이셨겠어요? 아이고 이를 어쩌나? 그런 표정이 왜 안 지어지시는 거예요? 제가 거실에서 콜라 쏟고 어머니처럼 당당하면 장하다 내 새끼 하실 건가요? 이왕 말 나온 김에 대만에서는 왜 또 그러셨어요? 박물관에서 황금으로 된 조각상을 찾아 내라셨죠. 어머니 명령에 한 시간은 헤맸을 거예요. 어디서 뭘 보시고 그리 말씀하시는 줄 알았어요. 박물관엔 무조건 황금 덩어리가 있어야 한다니요? 그건 또 무슨 억지인가요? 금덩이를 사드리진 못해도, 보여는 드리자. 저도 처음엔 효자 모드였던 거 인정하시죠? 금덩이가 없긴 왜 없어. 그렇게 따지실 일이에요? 박물관에 맡겨 놓으셨어요? 다짜고짜 찾아내라 하시면 없는 금덩이가 나와요?

　- 황금으로 된 동상이요? 그런 건 없는데요.

박물관 직원이 없다니까 그제야 닦달을 멈추시더군요.

- 어머니, 없대요.
- 그래? 그럼 어쩔 수 없지.
- 어쩔 수 없긴 뭐가 없어요? 무조건 있다면서요? 그 잘난 황금 동상 찾을 때까지 박물관 못 나가요.
- 이놈 자식이 버르장머리 없이 엄마한테.
- 아뇨, 못 나가요.

아들놈도 만만치 않게 지랄맞긴 했어요. 나 잘했다 큰소리치려고 소환한 기억인데, 저도 도긴개긴이었네요. 어머니가 그리 윽박지르시면, 얼이 빠져 버려요. 개망나니가 돼요. 저를 다그치는 어머니가 그땐 어찌나 밉상이던지요. 일부러 가시 돋친 말만 골라 했어요. 아들이 이렇게나 고생한다 생색내야 했거든요. 어머니, 아버지도 싸가지 아들 때문에 마음고생 좀 하셔야 할 거예요. 각오는 되셨죠? 내일 공항에서 어머니, 아버지가 어떻게 등장하실까요? 어린아이 둘이 보호자도 없이 비행기를 탄 셈인데요. 무사히, 제발 무사히 상봉하기만을 바랍니다.

6

아들아,
똥이 마려운 것도
눈치를 봐야 하느냐?

1

공항에서 누군가를 기다리는 건 늘 절망적이다. 생각보다 빨리 나왔네. 이랬던 적은 단 한 번도 없다. 느긋하게 그러려니 해야 하는데, 일흔이 넘은 어머니와 아버지시다. 다른 사람들은 가족, 친구, 연인과 상봉 중인데, 나의 어머니, 아버지만 보이질 않는다. 비행기는 예정대로 도착했다. 코딱지만 한 치앙마이 공항이다. 진즉에 나오셨어야 할 어머니, 아버지는 도대체 뭘 하고 계시는 거지? 전화를 걸어도 답이 없다. 이럴 거면 유심칩을 뭐하러 미리 샀냐고? 벌써부터 이리 속을 썩이시네. 남은 날들 아주 고생길이 훤하다. 그래도 무사히만 오시기를. 멀쩡히 상봉하게 되면 공항 바닥에서 춤이라도 출 의향이 있다.

무언가 조치를 취해야 하나 싶을 때, 더 조그마해진 어머니와 아버지가 거북이처럼 꼬물꼬물, 아, 어머니, 아, 아버지다. 간절히 바라던 기적이다. 왜 이런 순간은 영화처럼 황홀하지 않지? 배경 음악이 흐르고, 모든 장면은 슬로모션이어야 하지 않나? 어머니, 아버지는 그새 더 작아지고, 더 늙으셨다. 간절한 기다림이 현실이 됐다. 꿈을 이뤘다면 이룬 건데, 현실의 부담만 눈덩이처럼 커진다. 꿈은 늘 이런 식이다. 허망한 솜사탕이다. 꿈을 이루겠다고 평생을 아등바등하지만, 이룬 즉시 그 꿈은 무게감도, 의미도 희미해져 버린다. 기내에서 짐은 어떻게 올리고, 내리셨을까? 무릎도 안 좋으신데 어떻게 계단을 밟고 비행기에서 내리셨을까? 뱀처럼 움직이는 기계에서 짐은 어떻게 또 찾아내셨을까? 그걸 해내시다니. 장하고 장하도다! 마음 같아선 두 분을 동시에 들고 빙그르르 돌고 싶다. 그 어려운 입국 신고서는?

 - 그냥 옆에 있는 아가씨한테 부탁해 부렀어. 글씨가 보여야 뭘 쓰기라도 하재.

아, 그러셨군요. 뻔뻔해지는 쪽이 편하긴 하죠. 입국 신고서를 결국 해내시는 어머니, 아버지를 보고 싶었지만 무사히 오신 게 어딘가요? 유튜브, 블로그를 뒤져서 태국 입국 카드에 어떻게 빈칸을 채우는지, 꼬부랑글씨는 한국말로 뭘 의미하는지 침 튀겨가며 괜히 가르쳐드렸어요. 괜찮아요, 다 괜찮아요. 오늘은 반성하는 날이 아니라, 자축하는 날이니까요. 우리 집안의 역사적 한 달이 시작되는 날이니까요.

 - 글씨가 그리 작은디 어쩐다냐? 옆에 참한 아가씨가 다 써주더라잉. 비행기 안에서 맛동산 사서 한 봉지 줬재. 한 봉지에 2천 원이나 하던디? 비행기는 다 도둑놈들이여잉.

5일 후면, 일흔둘, 일흔다섯이 되는 부부. 남자는 국졸, 여자는 중졸. 가방끈이 조금 더 긴 어머니보다 국민(초등)학교만 나오신 아버지 영어 실력이 그나마 낫다. 한글을 막 깨우친 아이처럼, 아버지는 알파벳을 연결해 곧잘 읽어내신다. 아버지의 영어 실력을 뽐낼 절호의 기회였는데…. 치앙마이 공항에서 안절부절못하는 사람은 나뿐이었다. 어머니, 아버지는 당연하고, 당당하게 치앙마이 공항에 입국하셨다. 입국 신고서는 못 써도 된다. 오겠다는 마음. 아들을 보겠다는 열망. 춥지 않은 겨울을 보내겠다는 의지만으로도 넘치도록 충분하다. 그날 어머니, 아버지는 엄청난 크기의 침대에서 아기사슴처럼 곯아떨어지셨다.

2

- 화장실이 급하디!

갑자기? 호텔 뷔페에서 과식을 하셨나? 첫날이라고 큰마음 먹고 샹그릴라 호텔 뷔페에서 배가 터지도록 먹었다. 잠은 저렴한 곳에서 자도 얼마든지 부자 흉내 낼 수 있다. 호텔 밥을 사 먹으면 되는 것이다. 제가 프로 여행작가가 아니겠습니까? 어머니, 아버지는 아들만 믿고 따라오시면 돼요. 첫날부터 효도 포인트 100점, 내 맘대로 적립하고는 제법 우쭐해 있었다. 근처 시장에 들어서자마자 아버지 표정이 안 좋으시다. 5바트(200원) 유료 화장실을 바로 찾았다. 청소 중이다. 다른 화장실은 근처 빅시(BigC)에 있다고 했다. 빅시는 태국의 이마트다.

- 아버지, 참으실 수 있겠어요? 큰 거요? 작은 거요?

빅시까지는 걸어서 10분 거리.

- 으응, 작은 거. 참아 보지 뭐.
- 아이고, 내가 급하다.

 이번엔 어머니다. 왜들 이러시는 걸까? 호텔에서 식사할 때는 그리 평화로우시더니.

- 조금 전까지 아무 말 없다가 왜 그러세요?
- 마려운 걸 어떻게 해? 그럼, 안 마려울 때 억지로 눠?
- 10분만 참아 봐요.
- 못 참겠어. 좀 물어봐라.
- 물어봤잖아요. 청소 중이래요.
- 딴 화장실은 어디래?
- 마트에 있대요. 10분 걸으실 수 있겠어요?
- 또, 또 없어?
- 시장에 화장실이 수십 개 있는 줄 아세요?
- 물어보라고. 급하다니까.
- 싫어요.

42.195km 마라톤에서 10분도 뛰지 않고 경련을 일으키는 선수가 됐다. 26일간의 마라톤을 완주할 수 있을까? 싫어요라고 외치는 내 목소리가 쩌렁쩌렁 시장통을 울린다. 싫다. 어머니의 일방적인 태도가 싫다. 다 들어 주다가는 수렁에서 못 헤어나올 것만 같다. 화목한 분위기가 사흘은 갈 줄 알았다. 아이도 이런 아이가 없다. 10분도 못 참으시겠다는데 어쩌겠는가? 빅시로 가다 처음 화장실로 발길을 돌렸다. 그놈의 화장실은 여행 때마다 속을 썩인다. 다행히 여자 화장실은 청소가 끝나 있었다. 어머니, 들어가세요.

- 휴지, 휴지 좀.

어머니는 문을 잠그시고는 휴지를 외치셨다. 나는 여자 화장실로 성큼성큼 들어가, 벽에 걸린 휴지를 뽑아서, 어머니 칸으로 밀어 넣었다.

- 더, 더 갖다줘.

화장실 여자들의 표정이 사늘하다. 나는, 그 눈빛을 보지 않겠다.

- 화장실을 쓰게 해 주세요. 제발요.
- 안 돼요. 청소 중이라고요.
- 우리 아버지, 죽어요.

– 에휴, 그럼 쓰세요.

이제는 아버지 차례, 남자 화장실은 청소가 안 끝났다. 손짓 발짓과 유치원생 수준의 태국어로 죽어가는 아버지를 연기했다. 세제 거품으로 미끄러운 화장실을 아버지가 엉금엉금 기어가신다. 어머니이이이 소변인 줄 알았는데, 똥이셨습니까? 이제 시원하신가요? 휴지, 더 드려요? 스무여섯 날이 순탄하지 않을 거란 건 알았다. 아침부터 여자 화장실로 들어가 휴지를 밀어 넣게 될 줄은 몰랐다.

우리의 여행은 공식적으로 이제 겨우 첫날일 뿐이다.

7

아들아, 네 꼬락서니가 참 마음에 안 드는구나!

빠이 시돈차이 사원(Wat Si Don Chai)

1

- 식사하러 가서야죠.
- 그냥 밤이나 까먹으련다.

기껏 옷을 챙겨 입었더니, 나가기 싫다신다. 잠시 나가서 동영상을 찍고 들어온다. 매일 아침 굿모닝 영상을 인스타그램, 페이스북에 올리고 있다.

- 너는 어디 가서 밥을 먹고 오너라.
- 혼자요? 밥을 드셔야지, 밤을 드시면 어떻게 해요?
- 이런 소리 하면 네가 어떻게 들을지 모르겠다만, 우리 아들은 참 끈기가 없어. 뭐 하나도 제대로 끝내는 게 없다니까. 이그, 쯧쯧쯧!
- 아버지, 갑자기 무슨 말씀을 하시는 거예요?

아침밥을 먹으러 나가자고 했을 뿐이다. 갑자기 아들을 모욕하신다. 상황이 정리되지 않는다. 밥을 먹으러 가자는 말에 위협을 느끼셨다는 건데, 그게 말이 되나? '끈기' 얘기는 왜 하시는 거지? 평소에 그렇게 생각하셨다는 건가? 얼굴이 새빨개져서는 호흡을 다듬는다. 나이 드신 어른이 그냥 한 소리니, 흘려들으면 된다. 부모님이 공격하면 아들로서 총알받이는 당연한 덕목, 삼강오륜 유교 보이라면 조아려야 마땅하다. 나는 그런 선량한 아들 못된다. 따지고 싶다. 이유라도 알고 싶다. 왜 그리 말씀하시는지, 왜 갑자기 화가 나셨는지. 아니, 알고 싶지 않다. 다 귀찮다. 혼자 있고 싶다. 벌써부터 이 여행이 어서 끝나기만을 간절히 바랄 뿐이다.

2

싼캄펭 온천.

치앙마이 시내에서 차로 한 시간 거리. 어머니가 온천이 가고 싶다셨다. 와로롯 재래시장에서 썽태우(트럭 버스)를 탄다. 인당 50바트(2천 원). 버스를 타고 싶었지만 매진, 일요일 표도 이미 매진. 참 부지런한 사람 많아. 생각보다 오래 걸리긴 했지만, 어찌 됐든 도착했다. 뜨거운 물줄기가 치솟고, 바구니에 담긴 달걀을 펄펄 끓는 유황 온천에 익혀 먹는 곳. 반숙은 8분. 어째 껍질이 잘 안 벗겨진다. 소금은 없다. 대신 간장을 준다. 온천물에 달걀을 다 삶아 먹어보네. 재밌다. 잘 왔다. 사진 좀 찍어 봐라. 나들이 온 태국 사람들의 환한 웃음이 아버지를 웃게 한다. 흡족한 풍경, 흐뭇한 순간. 아버지는 기분이 좋으면 사진을 찍으라고 하시는구나.

- 저기서 몸 담글 수 있는지 좀 물어봐라.

- 어디요?
- 저기, 저기.

사람은 하나도 없고, 풀만 듬성듬성인 곳에 물이 군데군데 섞여 흐른다. 굳이 왜? 왜 저게 궁금하시지? 사람이 단 한 명도 없는 걸로 봐서, 입수가 불가능한 곳이다. 어디서 물어봐야 하나? 주변엔 마땅한 누군가가 없다.

- 아니, 그것도 못 물어보냐? 우리 아들은 참 소심해.

소심? 아버지, 제발 말씀 좀 부드럽게 해 주실 수 없나요? 물어볼 누군가를 찾던 나는 힘이 빠진다. 민우, 너도 참 너다. 아버지의 한 마디, 한 마디에 왜 그리 일일이 발작하는 거니? 한국에서도 태국에서도 똑같은 아버지다. 형이 아버지와 말다툼이 잦았다. 그럴 때마다 형을 나무랐다. 나이 드신 분에게 그렇게 말대꾸를 따박따박 해야겠어? 그랬던 내가 분을 삭이고 있다. 정신을 다잡기가 쉽지 않다. 링 위에서 정신없이 주먹이 날아올 때 이런 기분일까? 카운터펀치를 맞은 것처럼 어질어질, 어딘가에 기대고 싶다.

- 우리 아들 어째 몸이 좀 안 좋니?
(어머니, 안 좋다마다요. 대답도 하기 싫을 만큼요.)

- 건강한 낯바닥이 아니라는 거야.
　(아버지, 정확한 해석 감사합니다.)

　어제까지만 해도 선의지로 가득했던 아들은 입을 열고 싶지가 않다. 어머니, 아버지가 치앙마이까지 무사히 오시기만 하면 그때부턴 꽃길일 줄 알았다. 아버지는 거침이 없으시고, 아들은 실제로 소심하다. 평생 고된 노동으로 가정을 지켜내신 아버지. 형과 내가 파스타집을 하다 진 빚 때문에 멀쩡한 분당의 아파트까지 파셔야 했다. 입이 열 개라도 할 말이 없는 아들, 이깟 26일 여행으로 갚아질 죄가 아니다. 그런데 사흘 만에 다 집어치우고 싶다. 아버지 아들 안 하고 싶다. 제발 그 입 좀 다무세요. 패륜의 욕구가 너무 강렬해서, 나 자신이 무섭다. 내 안의 악마부터 다스려야 한다. 아버지에게 매섭게 반격하는 상상이 말도 못하게 짜릿하다. 안절부절. 내 안의 악마가 엄청난 속도로 세포분열을 일으키고 있다. 이 여행을, 부모님을 지켜내야 한다. 가족은 감옥일까? 휴식일까?

　- 아버지, 저기는 들어갈 수 없대요. 바로 뒤 어린이 수영장이 있어요. 거기선 된대요.
　- 애들만 있는데 저기서 뭘 어쩌라고?
　- 아뇨. 제가 물어봤어요. 된대요. 어른도 수영할 수 있대요. 10바트이니까 400원이에요. 진짜 싸죠? 소심한 제가 일부러 물어봤

어요. 아버지 때문에요. 대범한 아버지는 빨리 수영복으로 갈아입으세요.

- 이놈 자식이 애비 앞에서⋯

이렇게 기쁠 수가, 아버지가 나의 공격을 인식하신다. 반응 없는 공격은 아무짝에도 쓸모가 없는 것. 이 공격을 위해 나는 거짓말을 했다. 나는 그 누구에게도 물어보지 않았다. 내 멋대로 답을 조작했을 뿐이다. 키 149cm 아버지가 어린이 풀에서 모욕감을 느끼시기를 바랐다. 발끈하시는 걸로 봐서는 이 작전은 대성공이다. 명중했다. 내가 쏜 화살이 10점 만점 과녁에 정확히 빨려 들어간 것이다. 너무도 작고, 약하고, 늙은 상대지만 어떻게든 이기고 싶었다. 입안이 쓰다. 하지만 통쾌하지 않다고도 못 하겠다.

- 너처럼 입고 다니는 사람 있나 봐라.

이번엔 나의 옷차림이 시빗거리다. 우리는 온천을 하러 온 것일까? 싸우러 온 것일까? 내 꼴이 어디가 어때서? 민소매에 크록스 슬리퍼, 허리에는 바람막이 점퍼를 질끈 묶었다. 아버지는 남자가 반바지를 입는 걸 극도로 혐오하신다. 아버지 분부대로 이 찜통 나라에서 긴바지를 입었다. 그랬더니 이제는 민소매에 크록스 슬리퍼가 거슬리신다.

숨을 길게 내쉬면, 들이마시는 숨은 절로 길어진다. 나의 숨소리를 들어라. 숨소리가 들리면, 나머지 것들이 작아질지리니. (아버지가) 안 보이고, (아버지 말씀이) 안 들려야 한다. 아버지의 존재가 너무 크다.

왜 이리 예민하게 구냐고? 사사건건 발끈하냐고? 아버지 말씀 틀린 거 하나 없으니까. 마르고, 퀭한 눈, 깊은 팔자 주름과 얇디얇은 목. 거울을 볼 때마다 깜짝 놀란다. 왜 이리 볼품없이 못생겨져만 갈까? 나만의 착각이기를, 남들이 볼 땐 평균 근처이기를 바랐다. 누구나 잘 생겼다, 못생겼다를 두루 들으며 산다. 개중엔 잘 생겼다는 소리만 일방적으로 듣는 사람도 있겠지. 그런 삶을 꿈꿔본 적 없다. 평균도 되지 못할까 봐 전전긍긍할 뿐이다.

아버지의 지적은 필요 이상으로 예리하다. 그래서 흘려들어지지가 않는다. 나이 드신 분 말씀에 뭘 그리 의미 부여를 하나? 내 안의 여러 자아 중엔 '이성'도 분명 존재한다. 그 이성이 힘을 발휘하지 못하는 이유? 아버지가 그렇게 키우셨으니까. 어릴 때 한 번이라도 내 새끼 예쁘다, 내 새끼 최고다. 빈말이라도 좀 해주신 적 있었던가? 시멘트 바닥에서 풀이 자랄 수 없다. 칭찬 없이 자란 아이가 어떻게 자존감 넘치는 어른이 되겠나? 밴댕이 아들은 아버지가 키우신 거다. 그러니 괘씸해하지 마세요. 억울해 하지도 마시라고요. 아버지!!

8

이쑤시개 주스는
이명심 씨 작품

정원이 정말 예쁜 치앙마이 펀포레스 카페

1

- 아니, 치앙마이가 뭐가 좋다는 거냐?
- 신발을 꼭 그런 걸 신어야 해?
- 우리 아들은 뭘 시작해도 제대로 끝을 내는 법이 없어.
- 얼굴빛이 왜 그 모양이냐?

아버지의 지적은 내 안에 차곡차곡 마일리지로 쌓인다. 쌓아두었다가

- 아버지, 재채기를 그렇게 크게 하시면 어떻게 해요?

반격의 쿠폰으로 활용한다. 재래시장에서 노래를 부르던 시각 장애인 가수는 아버지의 재채기 소리에 노래를 중단했다. 아이고, 놀래라. 가수는 가슴팍을 움켜쥐고는 숨을 크게 들이마신다. 재채기를 조절할 수 있는 사람은 없다. 그러므로 아버지는 무죄다. 하지만 나는 아버지에게 상처를 주고 싶다. 그러게, 아버지 마일리지를 어지간히 쌓아 두셨어야죠.

- 아버지, 저 제 이름으로 책 열 권 낸 사람입니다. 제대로 끝내는 게 없다뇨?

아, 박민우 그 입 다물라. 미싱으로 드르륵 꿰매고 싶다. 책 열 권 이야기를 이 와중에 왜 꺼내는데? 얼마나 자존감이 바닥이면, 이력서까지 들이밀며 아버지를 이겨 먹으려고 해? 삼성전자에서 강사로 초빙하고, 캐나다 관광청에서 박민우를 콕 집어서, 박민우가 가야 경비를 대겠다. 그래서 방송국이랑 록키산 다녀온 건 혹시 아세요? 〈EBS 세계 테마 기행〉 신기록 제조기가 반남박씨 남곽공파 28대 손 박민우인 거는 아시냐고요? 아버지 집안이 어려워서 국민학교만 나오신 거 아니잖아요. 형편은 됐는데, 그냥 공부가 싫으셨다면서요? 과외 한번 없이 고대 들어갔으면 저도 할 만큼은 한 거예요. 닭살 돋는 내 새끼 자랑은 저도 싫어요, 기운 빠지는 말씀만 자제해 달라는 게 그리 어려운 부탁인가요? 말로만 그러시는 거라고요? 왜요? 애정 표현이라고요? 스트레스를 그렇게 푸시는 건 아니고요? 이런 비생산적인 기싸움으로 여행을 망쳐야 속이 시원하셔요?

결국 말려들고 말았다. 내가 이긴 게 아니라, 아버지가 이기셨다. 그래서 통쾌하신가요, 아버지? 어릴 때부터 우리 집은 특이했다. 아버지와 아들 사이가 데면데면한 건 특이하달 수 없다. 아버지의 '남의 집 아이 사랑'이 유난스러우셨다. 남의 집 아이들만 보면 눈이 하트로 돌변해서 볼을 그렇게 비벼대셨다. 어릴 때부터 애늙은이였던 나는, 그걸 나에 대한 '무시'로 받아들이고, 분노했다. 아버지가 아들을 무시하다니? 어머니는 내내 미운털이셨다. 신혼 단칸방에 술주정뱅이 오빠(나에게는 외삼촌)를 들이지 않으시나, 동생(역시 나에게는 외삼촌) 학비로 생활비를 빼돌리지를 않으시나. 지금이라면 이혼을 열두 번 당해도 할 말 없는 만행이었다. 아버지에게 처가는 '근본 없는 집안'이었고, 외삼촌을 꼭 닮은 나는 아들이지만, 막장 집안의 프랜차이즈이기도 했다. 어머니와 내가 분리될 수가 없으니, 어머니의 죄는, 나의 죄. 그래서 나를 무시하시는구나. 그 죗값이 분했지만, 이해되기도 했다.

어머니라고 가난한 친정에서 도망치고 싶지 않으셨을까? 끊어지지 않는 게 있다. 그게 어머니에겐 핏줄이었던 것이다. 사랑 표현이 부족했을 뿐이지, 아버지로서의 임무는 성실히 수행하셨다. 어른이 되고 나니 아버지가 대단하다는 생각을 한다. 힘들게 번 돈을 처가로 빼돌리는 아내를 어찌 용서하셨지? 술 취한 오빠가 가게로 와서 돈 내놔라, 술 내놔라, 그 행패를 부리는데도 결국 돈을 주고, 술을 주는 아내를 어찌 식구로 받아들이셨던 걸까? 미아리의 작은 구멍가게는 늘 폭풍전야였다. 지금도 현관을 쿵쿵 두드리는 소리가 나면 심장이 철렁 내려앉는다. 돌아가신 외삼촌은 여전히 내게 안 좋은 쪽으로 영향력을 행사 중이다. 내가 아버지였다면 진즉에 갈라섰을 것이다. 가족을 포기하지 않으신 것만으로도 감지덕지해야 마땅하다.

아버지의 말씀이 상처인 이유는, 정밀하기 때문이다. 잡지사 기자로 1년 근무가 직장 생활의 전부다. 끈기 없는 놈 맞고, 뭐 하나 제대로 끝낸 적 없는 아들인 것도 맞다. 그걸 치앙마이까지 와서 들어야 하나? 아들이 어머니, 아버지 호강 좀 시켜 드리겠다고 애쓰고 있으니 가산점 좀 주시면 안 되나? 크록스 신발은 내 자유를 상징한다. 그 누구도, 설사 가족이라도 나의 자유를 침해할 권리는 없다.

낯설수록 더 맛있게 드시는, 내가 봐도 좀 어이없는 어머니, 전 세계 음식에 골고루 거부감이 없는 나. 태국 음식에 싫은 티를 내실수록, 아버지는 고립된다. 그래서 꾸역꾸역 드시는 거 안다. 분위기 깨서 좋을 거 없으니까. 아버지도 분명 노력이란 걸 하고 계신다. 노력이 필요한 한 끼 한 끼가 얼마나 스트레스셨을까? 여행도 노동이다. 장거리 비행, 낯선 잠자리와 식사. 누적된 피로가 아버지를 괴롭히고 있는 게 분명하다.

해석해냈다.

아버지는 지금 무척이나 피곤하신 거다. 그러니 까칠해지실 수밖에…. 선을 넘는 말대꾸나, 신경질인 대응은 절대로, 절대로 안 된다. 나부터 통제하자. 피곤함과 음식. 이 두 가지를 해결하라. 우리의 평화는 불가능하지 않다. 일단 재래시장에서 운동화를 사겠다. 신발 하나 바꾼다고, 내 자유가 어떻게 되는 것도 아니다. 크록스 디자인이 괴상망측하다는 건, 전 세계 누구라도 인정할 것이다. 아름다운 기억을 만들기 위해서 치앙마이까지 왔다. 영정 사진 속 환한 모습은 치앙마이에서 찍은 사진이어야 한다.

    - 제일 많이 고생한 우리 아들, 많이 먹게.

    갑자기 또 왜 이러시지? 한식집 '마당'의 오징어볶음이 아버지를 춤추게 했다. 꼬인 매듭은 하나씩 풀자. 일단 먹는 걸로.

    - 여기, 커피. 커피 주시오.
    - 아버지, 여기 카페 아니에요. 왜 식당에서 커피를 그냥 달라고 하세요?
    - 한국에선 다들 주잖아. 왜 안 줘?

    여기가 태국이지, 한국이에요? 이 말은 어찌어찌 목구멍으로 밀어 넣었다. 한국에서도 자판기가 있는 거지, 손님상에 후식으로 커피를 알아서 대령하는 밥집은 없다. 아버지는 갑질이 하고 싶으신 거다. 김치찌개, 오징어볶음, 떡볶이, 감자탕 중에 떡볶이와 감자탕은 손도 못 댔다. 양이 너무 많다. 국물 떡볶이 1인분이 2인분 양이다. 포장해 달라고 했더니 종이 용기에 예쁘게 담아서 준다. 세 명이니까, 종이 용기도 세 개. 감자탕 담은 용기에 하나를 더 포개서 준다. 이런 센스 너무 좋다. 숙소에서 밥그릇을 찾아 헤매지 않아도 된다.

- 김치도 싸 달라고 하면 안 돼?

하아, 그냥 가요 엄마.

- 버릴 거라도 달라고 해. 가져가면 더 고마워해.

감사하다는 표현보다는, 더, 더 챙겨 달라는 어머니가 나는 못마땅하다.

못마땅하다?

이 부분이 여행을 꼬이게 한다. 내 눈높이로 어머니, 아버지를 통제하려고 한다. 가르치려 든다.

2

- 이거 무슨 연기예요?

전자레인지 안 락앤락이 엿가락처럼 녹아서는 김이 모락모락. 방콕에서 내가 쓰던 락앤락을 챙겨 왔다. 어머니가 식당에서 가져온 밥을 데우시는데, 락앤락 구멍이 뻥 뚫려서는 녹아내리고 있다. 뭐지?

 - 이 전자레인지 왜 이러니?

 일단 불로 번지지 않았다. 기괴하게 녹은 락앤락이 흠칫하지만, 우리가 배상해야 할 건 없다. 어머니는 뭘 잘못 누르신 걸까? 멀쩡한 삼성 전자레인지다. 버려야 마땅하지만, 밥 없이 어찌 감자탕을 먹누? 우리 셋은 눈을 질끈 감기로 한다. 다른 락앤락에 옮겨 담고 2분 30초를 눌렀더니 따끈한 밥이 됐다.

 - 이상하네. 내가 할 땐, 안됐는데.

 나는 어머니가 더 이상하다. 의심스럽다.

3

 - 어머니, 이건 뭐예요?

 마트에서 파파야, 바나나, 오렌지, 포멜로(자몽과 비슷하다), 파인애플을 사 와서 어머니는 주스를 만드셨다. 방콕에서 믹서기를 꼭 가져오라셨다. 어머니는 열대 과일로 주스를 만드는 게 그리 재미나신 모양이다. 썰어 놓은 파파야엔, 초록색 이쑤시개가 몇 개 들어 있었다. 어머니는 초록색 이쑤시개까지 곱게, 곱게 갈아서 주스를 만드셨던 것이다. 2센티 이쑤시개 조각이 발견되지 않았다면, 영롱한 이쑤시개들은 우리의 내장에 차곡차곡 박혔을 것이다. 아니, 사실 이미 박혔다. 마시다가 이쑤시개가 입 안에서 나온 거니까.

– 아냐, 아냐. 버리지 마.

어머니는 곱게 갈린 이쑤시개를 사금 캐듯 건져내신다. 아버지와 나의 격렬한 반대에 부딪힌 어머니는 주스를 싱크대에 부으셨다. 너무너무 슬픈 표정이었는데, 가족이 이쑤시개를 삼켰다는 슬픔은 그 슬픔에 포함되지 않은 듯했다.

4

일요일 치앙마이 올드타운은 커다란 장이 선다. 사람에 떠밀려 한 걸음, 한 걸음이 더디고, 위험했다. 빗방울이 굵어지기 시작하면서 사람들끼리 미는 힘이 파도처럼 거대해진다. 한 명만 넘어져도 큰 사고로 이어질 상황이다. 믿기지 않는 인파다. 몇 년 만에 치앙마이가 이렇게나 혼잡해지다니.

- 어머니, 아버지. 저 식당으로 일단 들어가요. 얼른요.

마침 〈블루 누들〉이 보인다. 치앙마이 올드타운에서 가장 유명한 쌀국숫집이다. 나나 되니까 비도 피하고, 인파도 피하고, 맛집으로 순조롭게 모실 수 있는 거다. 웨이팅이 좀 있었지만, 어쨌든 비를 피해야 했다. 지붕 밑은 아늑했다.

- 저기, 저거 뭐냐? 맛있겠다.

길 건너 돼지고기를 굽는 노점이었다. 아버지가 태국 음식을 궁금해하시다니. 이런 날도 오는구나. 아이고, 아버지 맛나 보이면 드셔야죠. 비를 주룩주룩 맞아가며 고기를 사 왔다.

- 아들, 아아!

아버지가 내 입을 벌리라신다. 아버지, 제발 그러지 마셔요. 다정함도 말로 공격하실 때만큼이나 기습적이다. 화내시는 것보다야 낫지만, 그냥 담백한 아버지와 아들 사이가 좋다. 하아, 어쩌겠나? 이쑤시개에 꽂힌 고깃덩어리가 눈앞에서 끈질기게 덜렁대고 있는데. 냉큼 입을 벌리고 물었다. 어이쿠, 잘 먹네, 내 새끼. 이런 감동적인 순간(?)까지 바란 건 아니었지만, 분명 나아지고 있다. 희망이 보인다. 아버지는 소고기 쌀국수를 그릇째 벌컥벌컥 들이켜신다.

참아야 한다. 참아야 한다. 나에겐 아버지의 벌컥벌컥 소리가 하나도 안 들린다. 안 들려야 한다. 태국 사람은 그렇게 그릇 들고 안 먹어요. 음식 먹으면서 소리 안 낸다고요. 이 말은 절대로 해서는 안 된다. 이 여행은 어머니와 아버지를 지적하는 여행이 아니라, 악의 없는 실수는 눈감아 주는 여행이어야 한다.

- 으어어억 시원하다.

아, 아, 아버지. 그렇게 화끈하게 '으어어억'을 하셔야 했나요? 나 역시 여행자로 살지 않았다면, 쩝쩝, 억억 소리가 거슬리는 줄도 몰랐을 것이다. 복 있게, 맛나게 먹는 소리라 생각했을 것이다. 아버지는 외눈박이다. 아버지 눈엔 태국 사람들이 외눈박이로 보이시겠지. 아이고 아버지 성량도 좋으시지. 억 소리가 기똥차게 찰지십니다. 예민하게 관찰하고, 안절부절못하는 놈이 죄인이다. 내가 죄인이다. 죄인은 죗값을 치러야지. 치앙마이에서 가장 불편한 사람이 되어 쌀국수를 먹는다. 맛이 느껴지지 않는다. 도대체 이 여행은 언제쯤 셋 모두가 편해질까? 그런 순간이 과연 오기는 할까? 아니, 그런 순간이 존재하기는 하는 걸까?

9

도대체
치앙마이가
뭐가 좋다는 거냐?

2019년 마지막 밤, 빠이

- 아이고, 이제야 가는구나.

빠이로 간다. 아버지는 치앙마이를 떠나는 게 마냥 기쁘시다. 치앙마이가 지긋지긋하단 뜻만은 아니기를….

- 그런데, 치앙마이가 뭐가 좋다는 거냐?

결국 치앙마이가 지긋하셨다는 거다. 도대체 여길 왜 데리고 온 거냐고, 아버지는 따지고 싶으신 거다. 미니버스를 타고 세 시간. 빠이(Pai) 터미널에 도착한 우리는 식당에서 밥을 기다리고 있다. 옛 대관령이 99개 굽이길이었는데, 치앙마이에서 빠이로 가는 길은 무려 762개의 굽이길이다. 그 험한 길을 멀미 한 번 없이 오셨다. 건강한 어머니, 아버지. 가난에 가려져서 잘 모르는 우리 집의 특출난 축복이다. 시장하지 않다는 어머니와 아버지는 새우죽 하나를 나눠 드신다. 나는 바질이 들어간 닭고기 볶음밥을 시킨다. 태국 바질은 향긋하다. 하지만 아버지 질문에 바질의 향기는 온데간데없이 사라진다.

- 날씨도 좋고요. 물가도 저렴하고, 사람도 착하고요.

같은 질문을 사흘 전에도 하셨다. 볼 것도 없는 후진 곳에 모시고 와서 죄송합니다. 아버지는 이런 사과가 듣고 싶으신 거다.

좋아해요.

참기로 했던, 못 본 척하기로 했던 약속을 깬다. 아버지도 아셔야지. 한국 사람이 다 아버지처럼 소리 내며 죽을 먹진 않는다. 아버지가 벌떡 일어나 밖으로 나가신다. 욱 올라오는 뭔가를 꾹꾹 아래로 누르시는 중이리라. 잠깐 후회한다. 아니, 후회하지 않는다. 나도 살아야지. 참는 게 최선은 아니다. 자잘한 복수는 정신 건강에 도움이 된다. 빠이의 숙소는 좋았으면 한다. 시내에서 2.9km 떨어진 곳에 스코틀랜드 여자 카렌이 작은 집을 예쁘게 꾸며놨다. 방이 환하고 근사하면 화해는 필요 없다. 그러니까 방은 좋아야 한다. 제발 좋아야 한다.

식당 옆 여행사에서 친절히 택시를 불러 준다. 기사는 100바트만 달란다. 카렌은 120바트에서 150바트 정도가 나올 거라 했다. 오늘 하루 유일하게 기쁜 순간. 카렌의 20년 지기 호세가 카렌 대신 우릴 맞는다. 카렌은 지금 피피섬에서 가족과 휴가 중이다. 갈리시아 출신 호세는 스페인 억양이 전혀 없는 영어를 구사한다.

- 태어나긴 영국에서 태어났으니까. 지금 네가 보고 있는 풍경이 내가 빠이에서 가장 좋아하는 풍경이야. 나도 가끔 이 방에서 묵어. 시내에 내 방이 따로 있지만.

아버지와의 신경전으로 반나절은 이미 실패로 끝났다. 내 눈에 좋은 방 말고, 어머니, 아버지에게 좋은 방이어야 한다. 풍경 따위는 호세 너나 감동하렴. 어머니, 아버지가 저리 시큰둥하시니 나에게도 대단치 않다. 태국 전통 그림이 한쪽을 채운 깨끗하고, 최선을 다한 방이다. 널찍한 방에 큼직한 침대, 양쪽 벽으로 난 창, 환하고 깨끗하며, 적당한 낭만도 스며 나온다. 시멘트 바닥이 좀 차갑긴 한데, 장식도, 가구도 분명한 의도로 채워져 있다. 그냥 방 아니고, 아름다운 방이다. 침대 옆 스탠드가 전부라서, 밤이 되면 침침할 것이다. 유일한 단점이다. 열 병의 무료 생수도, 자잘한 동네 정보가 담긴 메모도 따뜻하다. 경작지와 정글의 중간쯤인 녹지가 문만 열면 시원스레 펼쳐진다. 내일의 일출은 보나 마나 찬란할 것이다. 흔한 별 다섯 개 호텔엔 없는 풍경이다. 좀 더 평범한 여행자였다면 단단한 매트리스에 엉덩이를 튕겨 가며 대박이라고 했겠지. 이 방을 예약한 사람 누구야, 이 뽀뽀를 받아라. 오버가 심한 가족은 볼뽀뽀에 칭찬 세례가 이어졌을 것이다. 방을 고를 땐 도박사가 되어야 한다. 카지노에서 잭팟이 터진 것처럼, 누군가는 부둥켜안고 비명을 질렀을 방이다. 어머니, 아버지에게서 그 어떤 표정도 읽히지 않는다. 혹시 마음에 안 드시나?

한 시간을 걸어 재래시장에서 싱싱한 배추와 삼겹살을 샀다. 한국에서 가져온 쇠고기 다시다를 듬뿍 뿌린 겉절이와 제육볶음을 만들었다. 다시다가 들어가야 안 느끼하다는 아버지의 독특한 입맛을 적

극 반영했다. 어머니와 나의 환상적 팀플레이로 어엿한 저녁상이 완성됐다.

- 이런 더러운 숙소가 좋은 방이라고? 여행 좀 했다는 놈이 이걸 방이라고 골라?

잠깐 눈을 붙이신 아버지는 팔뚝을 긁으신다. 참고로 이 방은 구글 평점 5점 만점에 4.9점을 받았다.

- 왜 그러세요?
- 모기가 물었잖아. 이딴 방을 방이라고.
- 그럼 다른 방을 찾아볼까요?
- 또 돈 쓰게? 환불부터 받아와.
- 모기에 물렸다고 환불 안 돼요. 이제 다시는 아버지랑 여행 안 와요. 모기에 물렸다고 안 죽어요.
- 여행사로 왔으면 넌 100% 고소감이야. 자식 놈이니까 참는 거라고!
- 고소하세요, 그럼. 내일이라도 한국으로 가시라고요.
- 방이 싫다는 거지, 이놈아.
- 와, 아버지 대단하십니다. 저는 일단 나갈게요.
- 그래도, 아버지에게 그러면 못 쓴다.

- 엄마도 그만 좀 해요. 왜 맨날 나만 나쁜 놈인 건데요?

불빛 하나 없는 숲길을 성큼성큼. 아무것도 보이지 않는다. 내 마음이 이 어둠보다 훨씬 새까맣다. 2019년 12월 31일. 내 모든 혈관이 급격히 좁아지는 밤. 위산은 빠른 속도로 역류하고, 간과 심장은 누군가가 채칼로 문질러대는 것만 같다. 선을 넘었다. 선을 넘으셨다. 아버지는 아이다. 너무도 기괴하고, 공격적인 아이다. 나는 이런 아이를 감당할 수 없다.

나는 여행작가다. 풍경과 그때그때 감정을 실감나게 묘사한다고들 한다. 책을 펼치자마자 여행이 시작된 것 같다는 찬사도 자주 들었다. 지금 내 눈은 오로지 어머니, 아버지에게만 쏠려 있다. 고즈넉한 빠이의 시골 풍경이 한 번도 눈에 들어온 적이 없다. 아들은 숲속 외딴 방에 부모를 내팽개치고, 홀로 카페에서 노트북 자판을 두들긴다. 일기를 팔아서 먹고산다. 괴로운 날도 멈춰선 안 된다. 나의 밥줄은 이렇게나 잔인하다. 어떻게 시작해야 하나?

유일한 기대는 2020년이다. 1월 1일. 처음을 의미하는 1이라는 숫자가 나를 지켜줄 것이다. 이 여행 잘 끝내고 싶다. 잘 끝낸다는 게 뭘까? 숙소로 돌아가기 싫다. 가족이 무섭다. 2019년 마지막 밤이 무의미하게 깊어진다. 내일이 오지 말기를. 아들아, 잘못했다. 아니에요, 아버지.

제가 잘못했어요. 말로만 뉘우치는 어색한 순간도 싫다. 구역질이 난다. 끊었던 담배가 간절하다.

여기까지 쓰고 펑펑 불꽃 축제를 감상한다. 이렇게나 아름답다니. 세상은 1월 1일 카운트다운만이 중요하다. 나는 내가 너무나도 가엾다.

- 언제 오니?

어머니의 카톡이다. 2019년의 마지막 밤은 더 아름다울 수 있었다. 가족이니까 이해해야 한다? 왜? 왜? 선을 넘지 않는 이유가 뭔데? 복구가 힘들기 때문이다. 선만은 넘지 말자고, 선만은 지키자고, 다들 사력을 다해 노력하며 산다. 무너지면 끝이니까. 다 무너지지 않아야 복구도 가능하니까. 그래서 '선'을 두려워하는 것이다. 지키려 하는 것이다. 부모는 무례해도 되고, 자식은 무슨 이유로 무조건 빌어야만 하나? 이 여행을 책임지고 망쳐 놓겠다. 그런 남자가 아버지다. 아들이 용서를 비는 게 유일한 해법이라 누구보다 억울하다. 단두대에 끌려가는 기분이다. 빌고 싶지 않다. 죽어도 숙소로 돌아가고 싶지 않다. 하지만 빌어야 한다. 숙소로 돌아가야 한다. 오토바이 택시를 부른다. 나를 태운 오토바이 택시가 숲길로 들어선다. 바람이 차다. 아버지는 깨어있고, 어머니는 코를 골며 주무신다. 걸쇠를 위아래로 꽁꽁 닫은 문을 아버지는 의자를 가져와서 겨우 여신다.

- 문이 너무 옛날 거라 잘 안 열리네.

　　우린 아무 일이 없었다. 유튜브로 한국 옛날 영화를 보시던 아버지는 내가 오자마자 눈을 감으신다. 침대가 하나인 방. 바닥에 매트리스를 깔고, 침낭을 뒤집어쓴다.

　　- 쾅쾅쾅

　　빠이의 하늘은 펑펑펑, 선을 넘은 폭죽이 터지고, 또 터진다. 아버지는 뒤척뒤척, 어머니는 드르렁, 드르렁. 무신경한 어머니가 부럽기도 하고, 얄밉기도 하다. 뒤척이는 아버지가 안쓰럽기도 하고, 짜증나기도 한다. 새벽 네 시쯤엔 어머니가 욕실에서 가래침을 뱉으신다. 캬아악 퉤, 캬아악 퉤. 나는 내가 불쌍하다. 자고 싶다. 편히 자고 싶다. 부모에게서 떨어져서, 내가 내는 소음만으로 온전히 잠들고 싶다. 며칠이 남았더라? 삼 주가 남았다. 삼 주나 남았다. 삼 주라니? 삼 주라니? 21일을 어찌 버티지?

　　커다란 자루에 행복을 꾹꾹 담을 생각이었다. 자루는 찢어졌고, 꿰매고 싶지 않으며, 채울 것도 없다. 그래도 내일이면 최선을 다할 것이다. 훨씬 말수가 적어진 상태로 애를 쓸 것이다. 나를 위해서다. 내 안의 악마에게 먹히면, 당장 부모를 보내야 한다. 그렇게 힘든 여행 그만들

하시지요. 저란 놈 아들로 생각지도 마시고요. 조심히 가시고, 건강도 챙기세요. 잘 사셨으면 합니다. 아들 다시 볼 일 없으실 거예요. 남남으로 살아도 결국 살아질 테니까요. 패륜 아들 잊고, 부디 행복하시길요. 안녕히 가십시오. 공항 가는 길은 카렌 친구 호세가 안내할 거예요.

심장이 미친 듯이 두근거린다. 악마에게 허락만 하면, 통쾌함이 상으로 주어진다. 엎드려서는 심장을 방바닥으로 지그시 누른다. 폭죽 소리가 커진다. 가장 유용한 위로가 뭐더라? 우린 결국 죽는다. 결국 이 모든 순간도 죽음으로 가는 길. 그걸로도 부족하다. 우린 모두 늙었다. 아버지의 뇌는, 참을성이 사라지고, 부정적인 것들로 가득하다. 늙은 아들은, 그런 아버지를 가르치려 하고, 나보다 못난 아버지라며 무시한다. 오로지 내 입장일 뿐인, 나를 변호하는 이 글로, 아버지를 두 번 죽이고 있다. 자신이 옳다고 생각하는 뇌를 각자 보유한 채, 앙상하게 늙고 있다. 같은 말만 반복하는 태엽 인형이다. 내가 옳다. 부끄러운 삶을 산 적 없다. 그 말만 반복하는 태엽 인형. 우길수록 공허해지지만 멈출 수도 없다. 그렇게 설계된 우리는 하찮은 피조물이다. 어머니의 가래침 뱉는 소리에 또 깜짝, 잦아진 심장이 다시 세차게 벌렁댄다. 2020년 1월 1일의 새벽은 2019년의 그 어떤 밤보다 길었다.

10

멋진 일출로
찢어진 가족을
구해낼 것

윤라이 전망대 일출, 절정의 순간을 지나 다소 아쉬운 풍경

― 어머니, 일출 보러 가실래요?

― 어미는 많이 못 걸어. 무릎 아파서.

― 못 걷겠으면, 그때 돌아오면 되죠.

― 나가더라도 해가 뜨면 나가자. 무서워.

― 해 뜨고 나면 일출 못 봐요.

― 아, 좀 그냥 나가아아!

   새벽 네 시 반부터 어머니, 아버지는 불도 켜지 못하신 채 눈만 말똥말똥. 도미토리 인생 20년이다. 주무시는지 깨어 계시는지, 그걸 모를까 봐? 나도 내내 선잠을 잤다. 아버지는 나가자는 말이 반가우시다. 아들 눈치 보느라 뒤척이는 것조차 삼가셨다. 아버지와 나의 냉전은 진행 중이다. 하루가 더 지났지만, 우린 깊은 잠을 자지 못한다. 여보 왜 그랬어요? 가뜩이나 예민한 애를. 아니, 내가 뭘? 나 없을 때 둘은 내 얘기를 하셨겠지. 둘은 반성하고, 작아지고를 반복하셨겠지. 아들이 깰 때까지 얼마나 답답하셨을까? 아들이 깨야 숨이라도 편히 쉰다. 움직이실 수가 있다. 아들은 부모가 불편하지만, 부모는 아들이 전부다. 낯선 나라, 모든 게 처음. 우리가 화나게 한 아들, 잠이라도 편하게 자게 해 줍시다. 못된 아들도 눈치는 있다. 나갑시다. 나 아니면 100미터 이상도 못 나서시는 겁쟁이 어머니, 아버지. 겉옷 챙기세요. 물은 제가 챙길게요. 어머니도 무릎 핑계 그만 대세요. 나가고 싶으신 거 다 알아요.

- 얼마나 남았니?
- 40분 더 걸어야 해요.
- 더 못 걷겠다. 집으로 가자.
- 잠깐만요.

윤라이 전망대는 숙소에서 5km. 걸어서 '한 시간 12분'이 걸린다. 구글맵이 계산한 시간이 그렇다는 거다. 무릎이 안 좋은 일흔둘의 어머니는 한 시간 반, 두 시간도 모자라다. 게다가 오르막길이다. 못 걷겠다. 어머니는 드디어 포기를 선언하신다. 아들놈은 자기 무릎 연골 멀쩡하다 이건가? 이 먼 곳을 걸어서 갈 생각을 하다니. 어머니는 그런 철없는 아들 눈치 보느라 이를 악물고 걸으셨던 거다. 70대의 무릎은 설탕처럼 약하디약하다.

아들은 두 손을 번쩍 든다. 오는 차를 향해 손을 흔든다. 우리에겐 차가 필요하다. 얼마나 절박한가? 절박함이 기적을 만들 것이다. 흰색 트럭이 선다. 아들은 어떻게든 일출을 봐야겠다. 어머니, 아버지와 함께 한 번은 놀랍고 싶다. 여행은 환희다. 지긋지긋한 싸움이 아니라, 관대한 선물 보따리다. 그 어떤 곳도 빈손으로 돌려보내지 않는다. 선물을 하나 정도는 챙길 때가 됐다. 저주에 먹혀 버린 이 여행이 오늘만큼은 활짝 꽃 피우기를, 꿈인지 생시인지 모를 황홀함으로 가득하기를. 내 간절함이 차를 세웠다. 기적은 절망 다음에 찾아온다. 기적이 찾아들기에 이보다 좋은 날은 없다.

　– 어머니, 아버지는 차 안에 앉으세요. 저는 뒤에 타면 돼요.

　까맣게 탄 농부가 활짝 웃는 얼굴로 우리를 맞이한다. 운전면허도 없는 무능한 아들은 두 손을 번쩍 들어서 차를 세웠다. 어머니, 아버지에겐 처음 있는 일이다. 히치하이킹이라니. 처음 보는 사람이 차를 태워 주다니. 게다가 여긴 외국 아닌가? 좋다고 해야 하는 건지, 납치당하는 걸 수도 있으니 언제든 뛰어내릴 준비를 해야 하는 건지. 어머니, 아버지는 알쏭달쏭, 남의 차 안이 마냥 혼란스러우실 테지. 윤라이 전망대까지 갈 줄 알았다. 내 간절함은 갈림길까지만이었다. 고맙습니다. 고맙습니다. 온 가족이 열심히 고개를 조아린다. 20분 오르막이 여전히 남았다. 못 걷겠다던 어머니는 그새 쌩쌩해지셨다. 태어나 처음으로 히치하이킹이란 걸 해본 날이다. 모르는 사람의 배려, 훨씬 줄어든 거리. 이런 재미가 여행이구나. 어머니에게도, 아버지에게도 이 아침이 평생의 기억으로 남을 것이다.

　– 어머 무슨 꽃이 이렇게 화려해? 여기는 학교야? 왜 이렇게 한자가 많아?

　윤라이 전망대로 가는 길은 차이나타운이다. 중국인 학교와 식당

들이 보인다. 일부러 왔다면 실망스러울 수도 있겠지만, 기대가 없는 마음엔 모든 게 다 신비다. 조잡한 벽화, 흔한 기념품이 각별하기만 하다.

- 우린 안 들어가도 돼, 너만 보고 와.

윤라이 전망대 입장료 20바트, 800원. 800원을 아끼고 싶으신 어머니와 아버지. 여기까지 와서 800원 입장료가 아까운 사람이 나의 부모님이시다. 말도 안 되는 소리 마세요. 60바트를 낸다. 입장료를 내자마자 사람들로 가득하다. 입구만 지나쳤을 뿐인데, 같은 장소가 다른 장소가 된다. 사방에서 구름이 몰려오고 있다. 이 구름에 휩싸이면 어떤 사람은 남고, 어떤 사람은 삼켜져서 영영 돌아오지 못할 것이다. 그 맹렬한 다가옴에 뒷걸음질이 절로 쳐질 정도였다. 나도, 어머니도, 아버지도 움직일 수가 없다. 겪어보지 못한 상황은 대비가 불가하다. 뇌 속에 축적된 정보는 아무 쓸모가 없는 순간, 도망을 가야 하나? 살려달라고 해야 하나? 그 구름을 뚫고 해가 사방을 비춘다. 아, 살았다. 아무 위협도 없었지만, 안도감이 찾아 온다. 구름을 걷는 기분이 이런 거구나. 신의 아침이 인간 세계에도 가끔은 찾아온다.

아들아, 뭐 하냐? 어서 사진 찍지 않고. 아버지의 성화에 정신이 번쩍 든다. 그 두툼하고, 맹렬한 구름이 태양의 등장으로 급격히 무너진다. 이 순간이 영원하지 않음을 나만 빼고 모두가 알고 있다. 열심히 사진을 찍는 사람들 사이에서, 나도 어떻게든 정신을 차려야 한다. 찰칵, 찰칵. 어머니, 아버지는 손이 느린 아들이 답답하시기만 하다. 구름이 사라지잖아. 아침이 사라지잖아. 늘 맞이하는 아침이 이렇게나 다른 대접을 받는다. '지금'이 우리 모두에게 골고루 내려앉고 있다. 아침이 사라지고 있을지는 몰라도, '지금'은 묵직하게, 튼튼하게 우리를 옭아맨다. 우리가 싸웠던가요? 밤새 잠못 이룬 사람이 맞나요? 모르겠고, 금세 바닥날 아침을 한 수저라도 더 퍼먹어야겠다. 여기서도 찍어 보고, 저기서도 찍어 보자꾸나. 남는 건 사진뿐. 여보 얼굴에 뭐 묻었수. 이왕 찍는 거 예쁘게 찍혀야지. 어머니와 아버지는 풍경 속 풍경이 되셨다.

- 아들아, 어미는 지금 죽어도 여한이 없다.

이뤘다. 드디어 듣고 싶은 말을 들었다. 이 여행의 목표는 이렇게 이루어졌다. 새벽에 모두가 깨어있지 않았더라면, 어둠을 걷는 용기를 내지 않았더라면, 무릎이 아파도 이를 악물고 걷지 않았더라면, 손을 번쩍 들어 차를 세우지 않았더라면 이 아침은 우리의 것이 될 수 없었다. 단 하나의 톱니만 빠져도 돌아갈 수 없는 거대한 기계가 천천히 돌고 있다.

- 거기서 좀 찍어 봐. 그래, 거기. 거기.

이 순간을 하나라도 놓치고 싶지 않으신 아버지. 어떤 감정도 그날 끝낼 것. 다음날까지 품고 가지 말 것. 2020년 1월 2일은, 1월 1일과 결별을 선언하겠다. 얼마든지 행복하다. 우리의 여행은 죽지 않았다. 이런 아침이면 화해 따위다. 닭살 돋는 화해 없이도, 어느 때보다 사랑하는 중이다. 가장 아름다운 가족으로 구름처럼 만발하고 있다.

11

아버지
남이 먹다 남긴 걸
왜 드세요?

벼를 타작하는 아버지는 여행 중 가장 젊어 보이셨다

- 여기서 밥 먹고 가요.
- 배 안 고프다.
- 죽 한 그릇에 800원(20바트)이에요.
- 그럼, 가져와 보든가.

어머니, 아버지는 여행 중엔 무조건 배가 안 고프고, 목이 안 마른 사람이 된다. 카페에서 커피를 시키면 아버지 표정이 특히 안 좋아지신다. 맥심 커피믹스가 천하제일인데, 어쩌자고 비싼 돈 처들여서, 더 맛없는 걸 마신단 말인가? 윤라이 전망대에서 파는 죽이 800원이어서 망정이지, 2~3천 원만했어도 아버지, 어머니는 절대로 배가 고프지 않으셨을 것이다. 여행자로 바글바글한데, 죽 한 그릇에 800원이다. 맛도 나쁘지 않다. 관광지에서 이런 가격이 말이 되나? 아버지는 태국이 우리보다 못 사니까, 무조건 싸야 한다고 생각하신다. 나나 되니까, 이 가격에 제대로 놀라고 마땅히 감사한다는 걸 누가 좀 알아줬으면 한다.

- 아, 아버지! 정말, 왜 그러세요?

사람이 많으니 한 테이블에 두세 팀이 앉기도 한다. 전망이 제일 좋은 자리를 운 좋게 차지했다. 아버지가 옆 사람들이 남기고 간 찻주전자를 번쩍 드신다. 입으로 가져가신다.

– 아버지, 남의 걸 왜 마셔요? 그리고 찻잔에 마셔야 하는 거예요. 아버지.

아버지는 내 말이 안 들리신다. 남이 남긴 찻주전자를 입을 벌리고, 식도로 쪼르르 흘려보내고 계신다. 나는 아아, 아버지, 아아, 제발요. 이러면서 테이블에 엎드린다. 그나마 다행인 건 입을 대고 드시진 않으셨다는 거? 아버지는 주전자를 내려놓으신다. 무릎이 안 좋은 일흔둘의 아내와 용을 닮은 구름이 꿀렁대는 일출을 봤다. 신선놀음이로다. 엄격한 나름의 기준을 통과한 800원 죽도 든든하게 잘 먹었다. 늘 마음에 드는 자식은 아니지만, 오늘은 합격. 800원 한 끼로 배를 채웠으니, 입만 살짝 헹구고 싶다. 눈앞에 찻주전자가 있다. 입만 헹굴 건데, 또 돈을 쓰라고? 찻주전자를 든다. 남이 주문한 찻물이나, 내가 주문한 찻물이나 한 방울도 다르지 않다. 입만 헹굴 거라고오오오! 아비 속도 모르는 아들놈은, 사람 다 보는 데서 또 언성을 높인다. 아비가 주전자를 든 이상, 그냥 놓을 순 없지. 네깟놈에게 질 줄 알고? 졸졸졸. 봐라, 아들놈아. 나오는 이 멀쩡한 찻물을. 이런 걸 절약이라 하고, 지혜라고 한단다.

10초 안에 모든 상황은 종료됐다. 아버지는 벌떡 일어나서는 멀찍감치 가신다. 다른 걸 보는 척하시지만, 내가 목소리를 높인 게 괘씸하셨던 것이다. 또 싸울 순 없지. 이성의 힘으로 멀어지신 걸 안다. 제정신으로 돌아온 나는, 내 반응을 분석한다. 아버지 때문에 우리 가족이, 한국 사람이 욕먹는 게 싫다. 그 순간 가장 엄격하게, 아버지를 비난하는 사람은 아들이었다. 누구보다 객관적이고 싶다. 논리적이고, 규칙을 잘 따르는 문명인이고 싶다. 약하고, 부족한 아버지를 지켜주는 아들은 어디에도 없다. 이번 여행 최고의 순간이었지만 또 불협화음이다. 악순환의 고리는 결코 끊어지지 않는 건가? 내가 옳아서 달라진 게 뭐지? 조금은 더 바람직한 세상, 공중도덕을 잘 지키는 세상이 되긴 한 건가?

돌아오는 길은 내리막에, 해도 따뜻한 오전이라서 일부러라도 해야 하는 산책길이었다. 벼를 타작하는 농부들을 보자 아버지 눈빛이 반짝, 이때를 놓칠 수 없지.

- 아버지도 해보실래요?
- 에이, 아니다. 사람들 일하는데.
- 제가 부탁해 볼게요.

성큼성큼, 아쉬운 소리를 해야 할 때다. 화를 내면 그만큼 빚쟁이가 된다. 잘못했습니다. 공손히 사과하는 게 더 어렵고, 효과도 미미하다. 아버지를 위해 노력하는 아들이 되는 것, 적극적으로 그 마음을 보여주는 것, 나만의 화해 방식이다. 까맣게 그을린 농부들은 오히려 말을 거는 내가 반가운지 싱글벙글, 나의 아버지가 한번 해보고 싶다니까 어서 오라며 손짓한다. 조금은 수줍어진 표정으로 아버지는 볏단을 드신다.

힘껏 내리치신다. 태국 농부들이 엄지를 척 세운다. 박수를 친다. 세 단, 네 단, 그만하라고 하지 않으면 종일도 하실 기세다. 산다는 것과 존재한다는 건 분명 다르다. 살기 위해서는 음식과 잠자리 정도면 되지만, 존재하기 위해선 누군가의 관심과 응원이 필요하다. 아버지는 미아리의 철봉왕이셨다. 149cm 키에도 가장 높은 철봉에 올라 빙그르르 빙그르르 몇 바퀴를 아무렇지도 않게 돌곤 하셨다. 근육이 불끈한 아버지는 착지까지 완벽, 겉옷을 챙겨 홀연히 사라지신다. 그때 사람들의 함성과 박수는 아버지를 '존재'하게 했다.

    공장에서 사고로 손가락 하나가 잘린 후로 다시 철봉을 잡기까지 10년도 더 걸렸다. 손가락도 없고, 근육도 없는 몸이 된 남자는 이제 모든 게 약해졌다. 오토바이를 빌릴 테니 타보라고? 큰일날 소리. 이 먼 나라에서 사고라도 나면, 제삿밥도 못 얻어먹는다. 그렇게 늙어버린 남자는, 아들의 지적 하나하나가 비수가 된다. 여행? 너나 좋지, 뭐가 재미난데? 아무도 나에게 관심조차 없는 곳에서 풍경이 뭐고, 맛난 음식이 다 뭐냐? 우린 모두 존재하고 싶다. 아버지도, 나도 다르지 않다. 젊을 때는 존재가 쉬웠고, 한 살, 한 살 세월을 먹을수록 존재는 어렵기만 하다. 젊음은 꽃이고, 늙음은 낙엽이다. 낙엽이 꽃보다 예쁘기 위해선 푸르렀던 봄을 잊어야 한다. 떨어질 마지막을 기꺼이 받아들여야 붉게 물들 수 있다. 아버지는 낙엽이고 싶지 않다. 그래서 볏단을 들고 힘차게 내리꽂는다. 미아리 철봉왕은 치앙마이에서 부활 중이다. 러닝셔츠 사이로 그때의 근육이 잠깐 보였던 것도 같다.

12
어머니, 부엌에서 뭔가가 타고 있어요

지금은 없어진 식당 코코리노에서

- 세탁기가 없는 숙소가 어디 있냐?
- TV가 없는 방은 처음 봤다.
- 아니, 이딴 이불을 주고 장사를 해?

지금 묵고 있는 방은 더블룸이다. 두 명이 자는 방이다. 세 명 묵게 해 달라고, 내가 빌었다. 숙소 주인은 매트리스와 이불을 챙겨줬다. 커버를 씌워서 덮으면 되는데, 귀찮아서 대충 펼치고 잤다. 어머니는 이불과 분리된 커버가 못마땅하시다. 세탁기도 없고, TV도 없는 방을 어이없어 하신다. 나는 그런 어머니가 어이없다. 이 가격대에 이 정도면 충분한 방이다. 낸 돈은 생각지도 않고, 호텔급 방만 생각하시다니. 이런 방은 처음이야. 이런 말씀이 반복될 때마다 신경이 곤두선다. 엄마가 저보다 여행 더 많이 했어요? 반박하고 싶다. 사실 그런 이유로 몇 번 언성을 높이기도 했다.

- 원래, 두 명 자는 방인데, 한 명을 공짜로 더 재워 달라고 제가 사정한 거예요. 이불 가지고 불평하면 염치없는 사람인 거예요.
- 엄마가 말을 하면 듣고만 있으면 안 돼? 사사건건 토를 달아야겠니?

73년생 박민우는 다섯 살 때부터 말싸움으로는 안 졌다. 사사건건 부모에게, 어른에게 토를 달았고, 더러는 맞았고, 더러는 혼만 났다.

내가 옳다. 나에겐 그게 승리고, 성취였다. 어른에게, 형에게 그렇게 처맞으면서도, 말대꾸를 멈추지 않았던 내가 어디로 가겠나?

　- 뭔가가 타고 있어서 껐어. 괜찮지? 나는 노프라블럼이니까 신경쓰지 마.

　집주인 카렌은 방문을 두드리더니, 부엌에 좀 가보라고 했다. 냄비 바닥이 숯검댕이가 됐다. 내일은 방을 옮기는 날이다. 오징어볶음을 하고, 한 줌 생강이 남았다. 아까워서 어머니는 물과 함께 끓이셨다. 진한 생강차를 먹어야겠으니, 중불로 30분. 오징어볶음을 든든히 먹고는 온 가족이 잠들어 버렸다. 하필 집주인 카렌이 들이닥친 날이다. 나는 약간 공황 상태가 된다. 울타리에 주렁주렁 어머니 팬티, 내 팬티가 걸려 있다. 총 세 개의 방이 있는데, 우리만 욕실에서 빨래를 한다. 다들 알아서 동전 빨래방으로 간다. 방바닥이 차갑다는 이유로, 반찬이 바닥에 떨어지는 게 싫다는 이유로 아버지는 수건을 깔라고 명령하셨다. 그 위에 겉절이김치와 밥, 그리고 오징어볶음을 내려놓았다. 부엌에서 타는 냄새가 난다. 이 긴급한 상황을 알리기 위해 카렌은 노크를 했다. 자기네 집 수건을 방바닥 식탁보로 쓰고 있었네?

　스코틀랜드 사람 카렌은 매일 청소를 한다. 요 며칠 가족과 피피섬으로 휴가를 다녀와서, 자리를 비웠을 뿐이다. 중국 상하이에서 8년을 머물며 인테리어로 돈을 벌었다. 빠이에도 소품과 액세서리를 파는 가게를 가지고 있다. 에어비엔비 숙소도 한 채가 더 있다. 아버지는 이 방이 형편없다 하셨다. 고기 자르는 칼, 채소를 써는 칼이 종류별로 있고, 냄비도, 프라이팬도 크기별로 있다. 태국 요리책까지 구비해 놨다. 미니 화단도, 벽에 매달아 놓은 다섯 개의 소쿠리도, 가운데 소쿠리만 빨간색인 것도 카렌의 감각이다. 누구나 예쁘다고 할 순 없겠지만, 평범한 숙소는 절대 아니다. 벌레에 민감하면 절대 비추천이지만, 독특한 인테리어와 일출의 숨 막히는 풍경에 후한 점수를 준다면 여기는 오성급 호텔이다. 구글맵에 The lookout pai로 검색하며 나오는 숙소다. 주렁주렁 우리들의 팬티는, 꼼꼼하고, 자부심 넘치는 인테리어 업자에겐 분명 모욕이다. 태운 냄비가 카렌은 괜찮다고만 한다. 대못만 가득한 매트리스에 누운 것만큼이나 괴롭다.

- 우리 집이면 이랬겠어요? 남의 집이라고 가스 불 켜놓고 잠을 자요? 나무로 지은 집이라고요. 그냥 다 홀라당 타버리는 나무집이요. 그깟 생강차 하나로 남의 집 홀라당 태워 먹을 뻔했다고요.

어머니는 베이킹소다에 식초를 풀어서는, 냄비 바닥을 수세미로 벅벅 문대신다.

- 민우야, 팔이 마비가 오는 것 같다. 아이고 놀래라.

실제로 집을 태웠다면, 아들인 내가 침착하게 일을 해결해야 한다. 어머니를 지키고, 안심시켜야 한다. 민우야 가스불 켜났다. 어머니는 내게도 알리셨다. 한 귀로 흘려듣고는, 이제 와서 몰아세운다. 나이 드신 노인은 숯검댕이 없애려고 얼굴 벌게지도록 문지르고 계시는데, 젊은 아들놈은 분을 못 삭여 씩씩댄다. 배신은 가족 안에서도 얼마든지. 어머니, 아버지에게 상처 따위는 주지 않을 거야. 어젯밤의 나였다. 이렇게 또 무너졌다.

불효막심 아들놈은 악마는 또 아니어서 마사지사를 부른다. 팔이 저리다는 어머니를 위해 동네에선 신의 손으로 통하는 여자를 불렀다. 경력 20년 마사지사가 어머니의 뭉친 팔다리를 풀어줄 것이다. 아버지는 죽어도 안 하신다기에, 더 권하지 않았다.

낮에는 코코리노(Cocolino)라는 식당을 어머니와 다녀왔다. 오토바이를 빌려서, 어머니를 태웠다. 뜻밖의 오르막에서 어머니와 나는 넘어질 뻔했다. 동시에 비명을 지르고, 가까스로 중심을 잡았다. 하필 문을 닫은 날이다.

- 뭐 안 사 먹어도 되는 거지?

어머니는 문을 닫아서 오히려 좋으시다. 돈 한 푼 안 들이고 인생 사진을 찍을 수 있으니까. 대나무로 얼기설기 꾸며놓은 식당은, 규모에 어울리지 않는 장관을 거느리고 있다. 참 좋은 날씨, 좋은 곳이다. 갑시다, 어머니. 오토바이 속도를 올린다. 참말로 좋다. 어머니는 내 허리를 꼭 안으신다.

시장에서 큼직한 망고 두 개를 샀다. 이렇게나 달다니, 이렇게나 크다니, 이렇게나 싸다니. 하나에 천 원밖에 안 하는 망고에 어머니는 입을 못 다무신다.

밤에는 미스터 트롯을 인터넷으로 틀어드렸다. 어린 출연자들이 구성지게 부를 때마다 감전된 듯, 입만 뻐끔하셨다. 폐암에 걸린 할아버지를 위해 출연했다는 어린 손주의 울먹임에 함께 눈물을 찍어내신다.

- 아들아, 고맙다.

어머니와 아버지는 지난 방송을 볼 수 없다. 검색하고, 클릭하는 모든 행위가 어렵고, 두렵다. 한 번이라도 잘못 누르면 통장이 사라지고, 집문서가 날아가는 줄로만 아신다. 인터넷에서 의심스러운 짓은 절대로 하면 안 된다. 나이 지긋하신 분들끼리 조심 또 조심, 그런 정보를 나누고, 주의를 기울이신다. 듬직한 아들 덕분에 태국 시골에서 '미스터 트롯'을 본다. 고맙다는 말이 절로 나온다. 출연자들이 하나같이 대단해서, 입이 다물어지지 않는다. 어둡다 싶은 방이, 사실은 미스터 트롯을 감상하기 딱 좋은, 영화관 같은 방이었던 것이다. 구성진 트로트가 울려 퍼지는 동안 도마뱀과 개구리가 운다. 대책 없는 아들의 삶이 설핏 이해도 된다. 여행여행 하는 이유를 조금은 알 것 같다.

- 우리 한국 갈 날이 며칠이나 남았지?
- 왜요? 더 있고 싶어서요?
- 아니, 그냥!

이런 삶도 있구나. 이런 밤도 있구나. 좋은 건지, 나쁜 건지. 뿌연 시야만큼 불확실한 밤이지만, 일찍 죽은 친구들은 모르는 세상이다. 어머니는 며칠 전 심장마비로 죽은 친구를 생각하신다. 다음 주 미스터 트롯도 태국에서 보게 되는구나. 어머니는 아이처럼 날짜를 센다. 숲속의 밤은 길기도 하고, 짧기도 하다.

13

**뭘 귀찮게 방을 옮겨!
그냥 있어**

숙소 개들이 아버지를 잘 따랐다

- 어제저녁에 짐 다 챙겨 놓으라니까.

숙소를 옮기는 날이다. 이번 여행은 치앙마이와 빠이 두 곳에서 26일이다. 어디서 얼마나 머물 것인가? 어머니와 아버지에게 달렸다. 빠이가 아니다 싶으면, 치앙마이로 다시 내려갈 참이다.

- 뭘, 귀찮게 옮겨. 그냥 있어.

아버지는 빠이를 택하셨다. 빠이를 택했다기보다는, 다시 짐 꾸리는 게 싫으신 거다. 지금 머무는 숙소가 좋아서라기보단, 그냥 다 귀찮으신 거다. 있던 곳에서 쭉 있다가 한국 가는 것. 아버지의 바람이다. 닷새를 머문 이 방은, 우리 뒤로 예약이 꽉 찼다. 옮겨야 한다. 첫날 노발대발 이것도 방이냐며 화를 내셨던 아버지는 하루 만에 적응하셨다. 치앙마이든, 빠이든 상관없다. 덜 귀찮은 쪽이 최고. 더 좋은 숙소도 필요 없다. 떠나야 한다는 사실이 언짢기만 하시다. 체크 아웃 시간은 열한 시지만, 아버지는 일곱 시부터 짐을 싸신다. 아버지는 늘 화가 나 계시고, 모든 게 못마땅하시다.

- 좋은 카페가 있으니까, 일단 거기로 가요.

돈 내고 커피 마시는 게 무엇보다 아까운 아버지시다. 식사하고, 산책 좀 하면 끝. 그리고 종일 유튜브로 사극이나, 역사 다큐멘터리를 보신다. 어머니는 빨래하려고 태국까지 오신 분 같다. 그러니 카페라도 가야겠다.

커피인러브(Coffee in love)

빠이에서 가장 유명한 카페다. 어떻게 모시고 가지? 나는 오토바이 한 대를 빌렸다. 아버지는 나보다 오토바이를 훨씬 더 잘 타시지만, 한 대 더는 안 된다. 다 돈이다. 아버지는 아들의 지출에 예민하시다. 어머니, 아버지는 총 1300달러를 가지고 오셨다. 150만 원이 넘는 큰돈이다. 4~500만 원은 드는 여행이라, 혼자 끙끙 앓았다. 우리의 여행 예산은 충분해졌다. 충분의 기준이야 다르겠지만, 나라면 해낼 수 있다. 하루 방값 5만 원을 안 넘기면 방값은 130만 원 정도에 맞출 수 있다. 교통비, 식비, 기타 비용은 매달 들어오는 구독료로 해결하면 된다. 언제는 넘치는 예산으로 여행 다녔나? 지금까지 어떤 여행보다 풍요롭다. 어머니, 아버지는 방값, 밥값, 교통비로 나가는 돈에 충격을 받으신 모양이다. 가난한 나라니까 셋이서 100만 원이면 뒤집어쓰겠지. 웬걸? 딱히 하는 거 없어도 돈은 쑥쑥 나간다. 한식 한 번 먹으면 4만 원이다. 초반에 매일 한식에, 호텔 뷔페 식사를 했는데, 그때 충격이 크셨던 것 같다.

카페까지 세 번을 왕복하기로 한다. 어머니를 태우고 약간의 짐, 아버지를 태우고 약간의 짐, 마지막으로 남은 짐 모두. 이렇게 실어 나르면 어머니 아버지와 좋은 카페에서 차 한 잔을 할 수 있다. 택시를 부르면 그만이지만, 그 200바트(8천 원) 아껴야 커피를 마실 수 있다. 어머니를 카페에 내려놓고 서둘러 숙소로 돌아왔다. 아버지는 노끈을 어딘가에서 주워 오셨다. 내 캐리어를 오토바이에 꽁꽁 묶으신다. 우유배달과 구멍가게 사장으로 단련된 솜씨다. 아래층 태국 여인이 등장한다.

- 내가 태워 줄게요.

방이 총 네 개. 아래층 방엔 태국인 부부가 산다. 월세를 내지 않고, 정원을 관리하며 지내는 부부다. 괜찮다고, 알아서 가겠다고 몇 번을 거절했다. 그녀는 걱정하지 말라며, 아버지를 뒤에 태웠다. 아버지의 표정이 오래간만에 밝아지신다. 설마 여자라서? 그럴 수도 있고, 호의 때문일 수도 있다. 서울대 박사 출신, 삼성 연구원인 내 후배(대학교는 고대를 나왔다)가 집에 놀러 온 적 있다.

- 우리 아들과 어울려 줘서 고맙네.

나도, 후배도 당황했다. 아버지는 이런 훌륭한 청년이 아들과 어울려 주는 게 믿기지 않으신 모양이었다. 키가 작고, 배움이 짧고, 딱히 잘생기지도 않은 사람. 누가 먼저 다가올 리 없는 사람. 아버지 스스로 생각하시는 아버지다. 이과수폭포에서 한국인 단체 여행자를 만났을 때도 아버지는 먼저 다가가셨다. 한국인이라 반가운 마음뿐이었다. 한국에서 왔어요? 우리도 한국 사람이오. 비슷한 연배의 그들은 아, 네. 뒤도 안 돌아보고, 폭포 쪽으로 사라졌다.

- 내가 못 생겨서 그래.

아버지는 당신의 외모를 탓하셨다. 내 모습을 아버지에게서 본다. 타인의 반응으로, 자신의 존재를 확인하려 한다. 가냘픈 태국 여자, 더 작은 한국 남자가 한 오토바이를 나눠타고 있다. 맞바람에 아버지 눈이 자꾸만 감기지만, 입꼬리가 살짝 올라가는 걸 아들놈은 보고야 말았다.

아버지 좋으십니까?

누군가에겐 당연하고, 흔한 친절도 쾌씸할 정도로 없으셨습니까? 꽃을 피워 보지도 못한 채 늙어버리셨나요? 먹고 사는 것만 생각하며 살았더니, 머리카락이 빠지고, 뼈에 칼슘이 스르르 다 빠지고 하던가요? 억울했다면 분통이라도 터뜨렸을 텐데, 억울하지도 않아서 발작적으로 화가 나시는 걸까요? 아들놈은 아버지가 이해가 가질 않습니다. 아버지보다 젊으니까요. 아니, 이해하고 싶지 않아요. 저는 좋은 대학도 나왔고, 가끔은 인상 좋단 소리도 듣거든요. 젊은것들도 다 늙을 거고, 잘난 사람도 못난 사람도 섞여 사는 게 세상 이치 아니겠습니까? 억울한 삶도 특혜의 삶도 전 없다고 봅니다. 재벌 집 자식들이 왜 마약에 손을 대겠어요? 부족함이 없으면 없는 대로 허하고, 괴로우니 발버둥을 치는 거겠죠.

아버지 아들이 여행하며 사는 이유요? 이제야 고백합니다. 낯선 나라에서 온 손님이라는 이유로 밥을 사주고, 잠도 재워주고 하더군요. 그 친절이 너무 달달해서 끊을 수가 있어야죠. 공부시켜 놨더니 직장도 없이 떠도는 아들 때문에 속 많이 썩으셨죠? 몸이 약한 건지, 정신 상태가 글러 먹은 건지 고작 1년 직장 생활로 손바닥만 한 땜빵이 생기지 뭡니까? 원형탈모가 그렇게 커질 수도 있다는 건 저조차 몰랐습니다. 비닐 같은 두피를 문질문질하다가 이렇게 살면 뭐 하나? 사는 게 참 재미없더라고요. 한국이 저에게 너무도 불친절하다 생각했어요. 그래서 도망간 거예요. 조금이라도 더 친절한 세상이 있다면, 그곳에서 위로받으려고요. 아버지, 나의 아버지. 아버지의 그 미소를 못 본 척하고 싶습니다. 우린 왜 이리도 약한 겁니까? 왜 작은 친절에, 활짝 꽃이 되는 겁니까? 이렇게 멀리 나와야만 만나는 친절이 있음을 이젠 아셨나요? 그러니 아버지, 아들의 친절도 좀 알아주시겠습니까? 주인공이 되려면 무대 위로 올라오셔야죠. 빠이라는 무대에 서신 거예요. 세상 모든 조명이 아버지 정수리로만 내리쬐고 있는데 눈치 채셨나요? 가장 젊은 얼굴로 웃고 계신 건 아시는지요?

14

아버지 왜 화만 내시냐고요!

카페 커피인러브(Coffee in love)에서

― 일어나자니까, 에이, 진짜!

카페 커피인러브에서 아이스 카푸치노까지 맛나게 드시고, 왜 또 이러시는 걸까? 쉬고 싶다는 어머니를 보채서 드넓게 펼쳐진 카페 앞 정원까지 탐색하셨으면서 왜? 아버지의 반응만으로 평가한다면, 이 카페는 만점에 가깝다. 대로변에서 보면 평범한 카페인데, 자리에 앉으면 밖에선 보이지 않던 초원과, 초원을 둘러싼 가로로 길쭉한 산이 한눈에 들어온다. 그 순간의 강렬함 때문에, 빠이에서 가장 인기 좋은 관광 명소가 됐다. 빠이가 뭐가 좋다는 거야? 이렇게 시비를 거는 사람들에게 특히 약효가 좋은 곳으로, 알아서 고분고분해지고, 빠이의 팬클럽 회원이 되어 빠이의 아름다움을 널리 전파하고, 찬양하게 되는 그런 곳이다. 아버지 역시 커피인러브의 풍경에 홀린 티가 역력했으므로, 최소 한 시간은 평화로울 줄 알았다. 그런데, 왜? 왜 또 돌변하신 걸까? 아버지는 짐 하나를 번쩍 들더니 찻길로 나가신다. 숙소 체크인 시간은 오후 두 시. 그때까지 카페에서 노닥거릴 참이었다. 급히 연락을 한다. 열두 시 체크인이 가능할까요? 네, 가능합니다.

― 아버지, 택시 불렀어요. 택시 오면, 그때 일어나요.

아버지는 짐 하나를 또 들더니, 길로 나가신다. 어머니와 나도 나머지 짐을 들고 따라나선다. 도로에 짐을 쌓아두고는 언제 올지 모르는 택시를 무작정 기다린다.

- 여보, 다른 사람 있을 때는 이어폰 꽂아요.

30분 전, 유튜브를 외부 스피커로 크게 듣는 아버지에게, 어머니는 이어폰을 꺼내셨다.

- 안 봐.

아버지는 그때 이미 기분이 상하셨다. 아버지가 마음껏 민폐를 끼치도록 놔뒀어야 했나? 감히 아내가 나를 지적해? 생각할수록 열 받네. 요상한 카페에서 좋다고 시시덕거리지 말고, 빨리 일어나라고오오오. 택시가 오면 바로 출발해야지. 택시 오면 그때 움직이게? 커피가 목으로 넘어가? 아버지의 행동은 그 누구에게도 공감받을 수 없다. 다시는 네 아빠랑 여행 오나 봐라. 어머니도 분통을 터뜨리신다. 나는 어떤 아들이어야 하는가? 어떤 중재자가 되어야 하나? 빌어먹을 새 숙소는 게다가 외진 곳에 있다. 먼저 묵었던 집주인 카렌이 소개해준 곳이다. 알아본 다른 어떤 숙소보다 저렴했다. 중심가 주변은 방이 없거나, 성수기란 이유로 두세 배 비싸진 방값을 요구했다. 이번만은 정말이지 따로 자고 싶었다. 중간에 깨지 않는 잠다운 잠을 나도 좀 자고 싶다. 결국 돈 때문에 한 칸짜리 방으로 간다. 행복해지려고 온 여행이 맞나? 그놈의 돈돈돈!

무난한 하루가 큰 욕심이 됐다. 불가능한 야망이 됐다. 아버지는 왜 그리 쉬우신가요? 왜, 왜 라면 물보다 빨리 끓고, 식기를 반복하시냐고요?

구글 평점은 4.2점. 1성급 호텔(Blue sky resort pai). 별 한 개 호텔이라! 평점은 나쁘지 않으나, 주변을 검색해 보니 변변한 식당 하나 없다. 하루 900바트. 3만 6천 원 방이다. 더 저렴한 방으로 가면서, 더 좋은 방을 기대한다. 어리석고, 욕심만 많은 생명체를 우린 보통 인간이라 부른다. 저렴하면, 저렴한 이유가 다 있는 법. 아버지는 또 불같이 화를 내실 테고, 동네 사람들 우리 아버지 흉 좀 볼게요. 아들놈은 세상 억울한 표정으로 길길이 날뛰겠지. 2~3만 원만 더 써도 훨씬 좋은 곳으로 모실 수 있었다. 빠듯한 예산에 펑크라도 나면 어쩌나? 이 먼 나라에서 길바닥에 나앉을 순 없잖아. 모든 걱정은 과장법이다. 그런 일은 일어나지 않는다.

카드빚을 지는 것도 방법이다. 카드빚 이자가 아무리 비싸다고 한들, 돈 100만 원 때문에 조폭이 동원된다거나, 청부살인 당한다거나 하지 않는다. 절약만이 답이 아니다. 교과서에 실렸던 '개미와 베짱이'로 세뇌된 아이는, 걱정을 전문으로 하는 어른이 되었다. 개미네 집에 가득한 쌀가마니, 추위에 벌벌 떠는 야위디야윈 베짱이. 그 삽화는 쉰이 내일모레인 나를 걱정 노예를 만들었다. 혓바늘이 실시간으로 돋기 시작한다. 반듯한 논밭이 바다처럼 펼쳐지고, 두툼한 구름이 파란 하늘을 채우고 있다. 아름다운 풍경도 다 귀찮으니, 어서 썩 꺼지기를. 방만 좋으면 된다. 아버지의 불같은 화가 잠잠해지는 방이 우리를 기다리고 있기를. 그렇다. 나는 말도 안 되는 기적을 욕심내고 있는 것이다.

택시가 내려놓은 곳은 예상대로 논밭 한가운데였다. 치앙마이도 좋은데 굳이 빠이를 찾는 사람은 자연과 좀 더 섞이고 싶어서. 그렇다면 이곳은 진짜 빠이라 할 만하다. 반듯한 경작지는 이 조그만 숙소를 대자연을 호령하는 실세처럼 보이게 한다. 총 세 개의 방갈로가 있는 작은 리조트인데, 우리가 묵을 곳은 마지막 세 번째 방갈로다. 나는 이미 마음에 들었다. 하지만 나의 점수는 하등 쓸모 없다. 아버지, 아버지가 합격점수를 주셔야 한다. 신발을 벗고, 나무 계단을 오른다. 정갈한 발코니가 눈에 들어온다. 미닫이문이다. 왼쪽에서 오른쪽으로 천천히 민다. 잡음 없이 깨끗이 열리고, 마룻바닥이 진주처럼 반짝인다. 눈이 부실 정도로 반질반질하다. 바닥이 너무 미끄러워서 주의가 필요하겠다. TV와 욕실, 딱히 특별할 건 없다. 시비 걸만한 구석도 없다.

- 이런 방에 왔어야지. 이 방이 얼마라고? 이런 방은 10만 원을 줘도 안 아깝지.

아, 아버지 감사합니다. 자그마한 나무 오두막은 먼지 하나 없이 깨끗했다. 밝았고, 욕실은 넓었다. 카렌의 숙소는 훌륭했지만, 어머니, 아버지와 어울리지 않는 숙소였다. 이제야 나는 어머니, 아버지 불만에 동의한다. 밝은 조명을 싫어하는 서양인들은 실내를 부분 조명으로 끝낸다. 슬리퍼도 없는 시멘트 바닥은 차갑고, 기괴했다. 카렌은 자연을 강조하다 보니, 썩은 나무들도 그대로 놔뒀다. 욕실 안의 나무 기둥들은 아래부터 천천히 썩어가는 중이었다. 더러운 숙소는 아니었지만, 쾌적함이 느껴지지도 않았다. 문은 잘 안 잠겨져서 막대기로 걸어놔야 고정이 됐다. 짐을 쌀 때 엄지손가락만 한 바퀴벌레가 어딘가에서 튀어나왔다. 어머니는 그걸 휴지로 꾹, 엄청난 크기였는데 단번에 박멸하셨다. 아파트에 익숙한 한국인들에게 카렌의 방은 절대로 쉽지 않다.

    숙소만 달라졌을 뿐이다. 어머니, 아버지는 주변이 궁금하시다. 가지런히 펼쳐진 마늘밭으로 마실 나갈 준비를 하신다. 심술의 달인 아버지의 표정이 한결 부드러워지셨다. 안도의 한숨을 쉰다. 긴장하자, 박민우. 이 분위기로 끝까지 갈 거라 생각하는 거야? 줄타기는 계속될 것이다. 나도, 아버지도, 어머니도 앞으로 다가올 충돌을 모르지 않는다. 카페에서 버럭했던 아버지와, 자비로워진 아버지가 같은 사람이란 게 믿기지 않는다. 모든 상처는 아문다. 기억에 갇힌 자는 괴롭겠다고 작정한 사람들이다. 어리석지 않겠다. 카페에서의 일은 모르는 일이 됐다. 아버지도 노력하고 있음을 잊지 말자. 나의 안도하는 모습에 흐뭇하실 것이다. 아버지 역시 내가 행복하기를, 행복한 미소를 자주 보여주기를 그 누구보다 간절히 원하고 계심을 믿어 의심치 않는다.

15

특명,
아버지 입에 맞는
태국 음식을 찾아라!

구운 밥 카우니야우 삥

한 방에서 셋이 같이 자는 상황은 그러고 보니 국민학교(초등학교) 이후 처음이다. 어머니, 아버지는 한국시간에 몸이 맞춰져서 새벽 네 시쯤이면 눈이 떠지신다(한국과 태국은 두 시간의 시차가 있다). 스마트폰 환하게 보시라고 불을 켠다. 그리고 또 잔다. 어머니는 가끔 잠꼬대를 하고, 코를 고신다. 아버지는 쩝쩝, 킁킁 괴상한 소리를 내신다. 이도 가신다. 나 역시 코를 곤다. 어머니, 아버지, 나는 돌아가면서 깨고, 돌아가면서 잠든다. 돌림노래 같은 잠이다. 여전히 불편하지만, 첫날의 끔찍함은 아니다. 하루하루 놀랄 만큼 덜 불편해진다. 전쟁 중에도 노래자랑을 하고, 소설책을 읽는 게 사람이다. 가족 간의 불편함은 돈벌레처럼 징글징글하지만은 않다. 어머니, 아버지는 나와 어떻게든 한 방에서 주무시고 싶으시다. 옆방도 안된다. 노부부 둘만의 시공간은 불안하기만 하다. 스마트폰에 뜨는 업데이트 메시지, 광고 따위를 단숨에 해결해줄 아들이 필요하다. 강도가 문이라도 따고 들어오면 어쩐단 말인가? 한 번도 일어나지 않은 일들 위주로 걱정하신다. 그러니까 아들과 꼭 붙어있어야만 한다.

어릴 적 어머니는 나 대신 싸워주는 전사셨다. 어딘가에서 얻어맞고 들어오면 어머니는 내 손을 잡고는, 나를 때린 아이네 집으로 향하셨다. 내 새끼를 이리 만든 놈 나와. 아이 싸움은 어른 싸움이 된다. 골목이 쩌렁쩌렁. 맞은 것도 창피한데, 어머니의 목소리는 더 창피했다. 어머니, 아버지는 미아리 사창가에서 신혼살림을 시작하셨다. 가게 딸린 작은 집에서 구멍가게를 열고, 생계를 꾸리셨다. 갓난쟁이였으니, 내 기억엔 없는 풍경이다. 어머니의 무용담으로, 그때를 상상한다. 창녀와 깡패들이 또 외상을 달라고 한다. 깡패를 우산으로 후려치고, 면도칼을 와작와작 씹으며 얼굴에 뱉겠다는 창녀에게 뱉어 봐, 이년아! 같이 눈 부라리며 물러서지 않았던 철의 여인 이명심 씨. 요즘 나는 안경을 벗고 다닌다. 시력이 덜 나빠질까 싶은 나름의 노력이다. 온통 뿌옇고, 짐작뿐인 세상이다. 일흔이 넘은 노부부에게 세상은, 안경 없는 나의 시야와 비슷할 것이다. 스마트폰 세상은 광고인지, 정보인지. 사기꾼인지, 행운인지 온통 의심스럽기만 하다. 무슨 영어는 또 이리 많은지. 줄임말도 한국어라 우기는 젊은이들이 외계인 같다. 암호뿐인 세상에서 다 알아들은 척, 어른인 척해야 한다. 발전하는 속도가 힘에 부친다. 그 당당했던 미아리 사창가 싸움꾼 이명심 여사도 쪼그라들고 온순해졌다.

 튀긴 거 싫다. 냄새 싫다. 아버지는 태국 음식이 싫으시다. 쌀국수는 드신다. 모든 쌀국수를 다 드시는 건 아니고, 국물 맑은 거, 싱거운 거, 순한 것만 드신다. 어떤 음식도 눈앞에 있으면 끝까지 드시기는 한다. 예민한 미각과 후각의 소유자지만, 금전엔 더 예민하시기 때문이다. 돈 주고 산 음식을 남기는 건 박상원 씨에겐 상상도 할 수 없는 막장 짓이다. 싸면 군말 없이 드신다. 일단은 드시지만, 아니다 싶으시면 두 번 다시 쳐다도 안 보신다. 어제저녁과 아침엔 크노르 인스턴트 죽을 드셨다. 뜨거운 물 붓고 3분이면 먹음직하게 부풀어 오르는 컵 죽.

- 그럼 우리만 먹고 올게요.

아버지는 인스턴트 죽이 수상한 태국 음식보다 몇 곱절 더 좋으시다. 어머니의 낯선 음식에 대한 적응력은 믿기지 않을 정도다. 이상한 향은, 이상해서 더 좋다. 나도 다른 나라 음식 향에 익숙해지기까지 10년의 시간이 필요했다. 어머니는 입에 넣는 순간, 무조건 좋으시다. 20년만 늦게 태어나셨어도, 어머니는 여행자로 사셨을 것이다. 만 명당 한 명 나올까 말까 한 여행 천재, 미각 천재시다. 아버지는 그래서 더 심통이 나셨을 것이다. 외톨이가 되어 버렸으니까. 여행도 취미고, 취향이다. 얼마든지 거부할 자유가 있다. 입에 안 맞는다. 난, 여기 싫다. 그런데 취향을 말하면 분위기를 깨는 배신자가 되어 버린다. 아버지의 돌발행동은 외로움 때문이다. 어머니와 내가 아버지보다 더 투덜댔다면, 아버지는 온순해지셨을 것이다. 이왕에 온 거, 잘 놀다 가자. 나서서 수습하셨을 것이다. 자신의 존재가 기여할 수 있는가? 없는가? 이것 때문에 사실 사람은 죽고 산다. 나 때문에 누군가가 기쁘고, 고마워한다면, 우리는 얼마든지 살아갈 힘을 얻는다.

아버지가 빠이에서 첫날 맛있게 드셨던 새우 죽 가게는 문을 닫았다. 향이 없는 태국 음식이 뭘까? 아버지의 취향을 상상하며 음식을 찾으니, 살 게 없다. 먹을 게 없다. 이게 아버지의 막막함이었겠구나. 볶음밥, 볶음국수도 안된다. 기름기는 일단 탈락. 바질이나, 라임이 들어가도 안 된다. 태국 음식 어디에서나 나는 시큼함도 안된다. 절대로 안 된다.

이거다.

카우니야우 삥.

구운 찹쌀밥. 둥글넓적 호떡처럼 밥을 눌러서, 숯불에 굽는다. 구운 향이 나긋나긋, 식감은 쫄깃쫄깃. 아버지가 시비를 걸 구석이 없다. 하나에 10바트. 400원이다. 가격도 착하다. 아버지는 얼마냐 물으실 테고, 400원이란 말에 냉큼 집으실 거다. 과감히 여섯 개를 산다. 두 개를 드실까? 두 개만 군말 없이 드셔도 대성공이다. 네 개를 드시면, 보물 지도를 해독해 낸 것처럼 짜릿할 것이다. 평생 아들 둘을 먹이기 위해 사셨다. 이제 내가 부모님의 식사를 책임질 차례다. 구운 닭과, 꼬치 몇 개도 산다. 크노르 죽만 드셨으니, 많이 시장하실 것이다. 괜히 마음이 급해진다. 오늘따라 음식을 담는 이들의 속도가 굼뜨기만 하다.

- 이게 뭐냐?
- 숯불로 구운 밥이에요.

아버지가 밥 두 개를 동시에 드신다.

- 하나씩 드세요.

아버지는 두 개를 겹쳐서 동시에 베어 무신다. 뭐가 그리 급하신지. 한국에서는 볼 수 없었던 행동이다. 맛대가리도 없는 밥 빨리라도 해치우자. 만사가 다 귀찮은 사람의 삐뚤어진 행동으로 해석된다. 쫄깃하다면 쫄깃하고, 질기다면 질긴 찹쌀밥이다. 숯불에 구운 밥이라니. 생전 처음 드시는 음식일 것이다. 보드랍고, 뜨거운 누룽지가 아버지의 입속에서 은은하게 퍼진다.

- 먹을만하네. 자네도 먹어 보소. 누룽지 맛도 나고, 계란 맛도 나네.

어머니에게 권하시다니. 징글징글 태국 음식아, 냉큼 뱃속으로 꺼지거라. 화급히 입으로 밀어 넣던 아버지의 모습이 아니다. 씹을수록 고소한 요물이 적잖이 신기하신 모양이다.

- 어머, 어머. 고소하네요잉. 아따 맛나다.

아버지는 어머니의 리액션에 신이 나셨다. 아버지는 네 개의 카오니야오 삥을 내가 담근 김치와 꼭꼭 씹어 드시고 있다. 그렇다. 나는 김치도 담갔다. 아버지의 발작을 잦아들게 하는 몇 안 되는 스위치 중 하나가 김치다. 웬만한 한국 김치보다 맛있다고 자부한다. 땅 형님이 내 김치맛에 반해, 실제로 태국 이웃들에게 내 레시피대로 만들어 팔고 있다. 심술보 덕지덕지 영감이 순한 토끼가 되어 오물오물. 죽으면 다 끝인데, 별것도 아닌 것들로 발끈하며 산다. 죽기 직전에야 '별것도 아님을' 비로소 깨닫겠지. 어리석음이 우리의 기본값이다. 나나 아버지나 다르지 않다. 덜 기대하고, 덜 실망하겠다. 이번 여행을 잘 끝낼 수도 있을 것 같다.

16

아들아!
금발의 저 아이와
사진 한 장 찍게 해다오

- 그러니까 내가 태국 안 온다고 했지?

빠이의 대불상을 보고 내려오는 중이었다. 30분 더 걸으면 폭포가 나온다. 아버지는 30분 더 걷자. 어머니는 더 못 걷겠다. 잠시 실랑이.

- 집에 가면 할 것도 없잖아. 내가 그래서 태국 안 온다고 했지?

모처럼 숙소에서 나온 김에 더 보자는데, 당신은 왜 그 마음도 몰라줘? 아버지 말씀도 일리가 있다.

- 오토바이를 한 대 더 빌릴까요? 폭포까지 5분이면 가요.
- 나는 오토바이 운전 못 한다. 그러니까 왜 이딴 곳에 방을 잡았냐?

잘해보고 싶은 아들의 의욕을 아침부터 분쇄기로 잘게 부수신다. 매일 하나씩은 하자. 야시장을 가고, 일출을 보고, 카페를 가고, 맛집을 갔다. 치앙마이에서, 빠이에서 꼭 가야 하는 곳들을 하나씩 돌았다. 그게 여행이냐? 그냥 밥 먹고 차 마시는 거지. 아버지 말씀이 맞다. 카페나 맛집은 여행이 아닐 수도 있다. 취향이 다르듯, 여행의 기준도 모두가 다른 법이니까.

말대답은 아버지 의도에 말려드는 것일 뿐. 여행사로 달려가서 투어를 신청한다. 1인당 600바트(2만4천 원), 점심 포함. 오전 열 시부터, 오후 여섯 시까지. 칭얼대는 아이에게 스마트폰을 쥐여주는 마음이다. 투어를 신청했다는 것만으로도 안도한다. 나는 노력하고 있다.

- 아침엔 아무것도 안 주냐? 투어라면서? 한국은 김밥이라도 주는데. 화장실 봤어? 아이고, 더러워서. 한국에서 이런 화장실로 장사하면 난리 나지.

아버지 말씀을 한 귀로 흘려듣는 것쯤이야. 그렇게 생각하실 수도 있지. 아버지가 이렇게나 애국자시다. 우리나라가 너무도 자랑스러우신 거다. 한국의 평균에 못 미치는 모든 게 한심하시다. 90년대 아버지는 불법 체류 노동자셨다. 일본 오사카 건설 현장에서 한 달에 300~400만 원은 족히 버셨다. 그 돈으로 분당에 아파트를 장만하고, 우리 형제 대학을 보내셨다. 아버지는 일본에 각별한 애정을 품고 계시다. 놀라운 건, 그리 사랑하는 일본에서조차 우동, 라멘, 우메보시, 낫토 등 대부분의 일본 음식에 진저리를 치셨다는 것이다.

- 일본에서 볶음밥은 먹었지. 그나마 비슷했으니까.

일본에서 식당을 가게 되면 무조건 볶음밥만 드셨다고 한다. 아버지의 까다로운 입맛은 그러니까 뿌리가 깊고, 어떤 나라든 공평하게, 진저리나도록 진저리치셨다는 특징이 있다. 목이 긴 카렌족 마을, 빠이의 가장 오래된 사원, 노천 온천, 대나무 다리, 폭포, 빠이 협곡을 차례로 가는 투어였다. 어머니, 아버지는 TV에서만 보던 카렌족을 코앞에서 마주쳤지만, 눈 하나 깜짝 안 하셨다. 카렌족이 파는 스카프와 장신구 가격만이 중요할 뿐이었다. 스카프와 동전 지갑이 비쌀까 봐 벌벌 떠셨고, 다행히도 어머니는 100바트(4천 원), 150바트(6천 원)에 스카프와 원피스를 각각 장만하셨다. 온천에서 가장 행복해 보이셨다(돌이켜 보니). 어머니는 선크림 때문에 답답한 얼굴을 온천물에 씻어도 되냐고 물으셨다. 나는 안 된다고 했다. 어머니는 내 눈치를 보며, 흐르는 온천물에 얼굴을 닦으셨다. 그래도 물어보신 게 어디인가? 나는 그냥 입을 닫았다. 내가 군기 반장인 건 확실하다. 어머니, 아버지도 내 눈치를 보시니까. 아버지도 모처럼 생기가 도신다. 네덜란드 아기가 아장아장 걸을 때마다 아버지 눈이 반짝이신다. 네덜란드 부부와 아기, 이스라엘 아가씨 두 명, 우리 가족 셋. 총 여덟 명이 한팀인 투어다.

— 아기랑 사진 한 장만 찍게 해봐라.

아버지의 명령이다. 아기에게 쏟아지는 태국 사람의 관심과 사진 공세에 피곤하다는 말을 아빠 스테판은 한숨을 쉬며 내게 했었다. 나는 계약을 따내야 하는 술상무가 된다. 엄마 앤이 아기를 안고 타고 내릴 때

차 문을 열어주고, 닫는다. 사진 찍어 줄까? 스냅 사진사를 자처하며 가족사진도 여러 장 찍어 준다.

- 아버지가 아이를 너무 예뻐하셔서 그러는데, 사진 한 장만 찍어도 될까?
- 그럼!

아기 엄마 앤이 활짝 웃는다. 내가 따낸 계약이다. 아버지 보셨습니까? 아들이 이토록 유능합니다. 이리도 유능한 술상무가 어머니, 아버지 아들입니다.

- 아이고, 이뻐라. 쪽!

스마일, 스마일. 아기가 웃게 하려고 온갖 아양을 떠는 중이었다. 아버지는 아기의 손을 잡더니, 손등에 쪼오옥, 누구나 들을 수 있는 정도로 힘차게 입술을 문대셨다.

- 아, 아버지이이이!

또, 또 나는 이성을 잃고 목소리를 높였다. 다른 나라 할아버지의 타액에 관대한 어머니가 세상 어디에 있을까? 어머니도 아버지의 돌발

행동에 깜짝 놀라셨다. 아버지는 그렇게 박력 있게 선을 넘고 계셨다. 아버지는 얼음이 되고, 당황하지 않은 척 시침을 떼셨다. 대신 말수가 급격히 줄어드셨다. 아버지는 내가 소리를 높였던 지점이 언제나 언짢으시다. 누굴 바보로 아나? 괘씸하기만 하다. 다음 공격에 활용할 불쏘시개로 쓰신다. 내가 너무 흥분해서일까? 아기 엄마 앤은 한사코 괜찮다고 했다. 정말 괜찮았는지, 그날로 내 페이스북에 친구 신청을 하고는, 몇몇 사진에 '좋아요'까지 눌러 줬다. 그렇다면 나의 흥분은 오판이다. 앤도, 스테판도 관대하고 따뜻한 사람, 나만 혼자 잘났다고 지적하고, 흥분했다.

 - 어제 드셨던 구운 밥, 오늘도 드실래요?
 - 싫다.

투어가 끝날 때쯤, 저녁 메뉴에 대해 물었다. 정말 구운 밥이 싫으신 걸 수도 있고, 나에 대한 화가 안 풀리셔서일 수도 있다. 아버지는 아기들을 좋아하신다. 나는 아기들이 어렵다. 안면 인식 장애가 있을 정도로 그 아기가, 그 아기 같다. 사랑하는 사람이 상처도 받는다. 아버지는 그 누구보다 사랑이 많은 분이시다. 나는 예의상으로라도 아기를 안는 게 불편하다. 식은땀을 흘린다. 아기를 안으면 시간이 왜 그리 안 가는지 모르겠다. 남의 집 귀한 아기니까 스킨십은 신중해야 한다. 시대가 달라졌다. 달라진 시대의 상식을 따라야 하는 것이다. 그 깔끔한 상식 때문에 더 좋은 세상이 됐나? 그건 잘 모르겠다. 아이들 아토피는 점점 더 심해지는 것만 같은데, 그게 타인의 스킨십 때문은 아니리라. 투어의 마지막은 빠이 협곡의 석양이었다. 가이드도 자신만만했다. 빠이 최고의 순간이 될 거라 자신했다. 어머니, 아버지가 들어가는 초입에서 이구동성으로 한마디 하셨다.

- 우리 집 베란다에서 보는 게 훨씬 낫다.

17

어머니
물맛이 왜 이래요?

치망마이 판사오 사원(Wat pansao)

1

- 너나 엄마랑 먹고 와. 나는 죽 먹을 거니까.

아버지가 드시던 컵 죽 절반이 냉장고에 있다. 온전한 한 개도 아니고, 컵 죽 절반으로 아침을 때우시겠단다. 그러지 좀 말고 같이 나가요. 박상원 학교 신입생 때라면, 이랬겠지. 박상원 씨 아들 박민우는 박상원 대학 박사과정까지 수료했다. 다녀오겠습니다. 오토바이 시동을 건다. 어머니가 내 허리를 꼭 감싸신다. 다 큰 아들의 허리는 의외로 멀다. 어머니 젖무덤만 찾던 아이도 분명 나였다. 어머니의 손이 이리 작았나 싶다. 어머니와 둘이 되면 어디를 가도, 뭐를 먹어도 좋다. 예쁘다. 맛있다. 어머니는 감탄의 천재시다. 나도 더 착해진다. 사진발 좀 받겠다 싶은 곳에서 멈추고, 어머니를 찍는다. 활짝 웃으셔요. 입을 귀에 건다 생각하시고요. 가장 예쁜 어머니 얼굴을 찰칵! 이제는 아빠는 한국에 두고 나만 오련다. 네, 그러세요. 제발! 우린 한통속이 된다.

- 아버지 드실 땅콩 좀 사 가자.

한통속인 줄 알았던 어머니는, 평생의 반려자가 누구인지 잊지 않으셨다. 땅콩 좀 어디서 살 수 있는지 물어보라신다. 식당 주인은 건너편 가게를 가리킨다. 가게 문을 두드린다. 아무도 없다. 아직 문을 안 열었나?

　- 아무한테나 좀 더 물어봐.

　50미터 앞쪽에 있는 고깃집을 가리키신다. 어머니는 물어봐, 좀 물어봐를 입에 달고 사신다. 가끔은 내가 자판기가 된 느낌이다. 어머니는 아무나 잡고 안 물어보는 내가 답답하시다. 한통속의 균열이 일어난다. 고깃집으로 간다.

　- 마트를 가세요. 2km 떨어져 있어요.
　- 아니, 무슨 땅콩 하나 사는 게 이렇게 힘들어? 우리나라는 아무 시장이나 가도 있잖아.

　이명심 학교 장학생이라 자부하는 박민우는, '우리나라는 말이야'로 시작되는 이명심 여사의 어록을 잽싸게 흘려듣는다. 어머니, 여기는 태국이잖아요. 한국이 아니라요. 그런 말을 해서 득이 될 건 없다.

　- 타세요.

　이왕 이렇게 된 거 2km 간다. 식사도 제대로 안 하신 아버지, 아들이 알아서 챙겼어야지. 식은 죽으로 한 끼를 때우시게 하다니. 입 짧은 아버지가 선택한 몇 안 되는 간식, 그중 하나가 땅콩이다. 캐슈너트나 피스타치오가 아닌, 싸구려 땅콩이다.

　- 이리로 오세요.

　경찰서 앞을 지나는데, 젠장 검문 중이다. 설마? 이전 숙소 주인 카렌은 번호판도 없는 오토바이를 끌고 다닌다. 검문은 일 년에 한두 번 있을까 말까라고 했다. 오늘이 그 있을까 말까한 하루란 건가? 오토바이 세 대가 더 서 있다. 운전자들이 내려서 엉거주춤 경찰의 심문에 답을 하고 있다.

　- 국제면허증이 있나요?

　없다. 그냥 운전면허증 자체가 없다. 한국 운전면허증이 있어도 소용없다. 2종 소형, 오토바이 운전 시험을 따로 봐서 합격해야 한다. 태국에서 오토바이를 합법적으로 운전하는 외국인은 열 중 셋도 안된다. 어머니는 헬멧도 안 쓰셨다. 묻지도 따지지도 않고 오토바이를 빌릴 수 있는 태국에서 정의의 심판을 받는 날이다. 400바트(1만6천 원) 벌금 쾅쾅쾅. 벌금만 내면 3일간 묻지도 따지지도 않고 더 운전해도 되는 종이 쪼가리를 준다. 무면허를 엄벌하고 싶기는 한 건가? 외국인 벌금이 주요 수입원이란 건 알겠다.

- 그냥 가, 땅콩은 무슨 땅콩이야.

어머니의 말씀에 화가 나는 이유는, 어머니의 후회가 너무 늦었기 때문이다. 땅콩을 어서 찾아내라고 할 때, 불효자 박민우는 이미 언짢았다. 1만6천 원 벌금까지 내고 집으로 가자고요? 이명심 여사는 박민우 학교 낙제생이시네. 옹졸한 박민우는 그 잘난 땅콩 꼭 찾아서 어머니 품에 안겨 드릴 것이다.

- 아니, 이런 땅콩 말고, 그냥 퍼서 파는 땅콩 있잖아.

소금으로 조미가 된 마트 땅콩을 보며 어머니는 고개를 저으신다.

- 그렇게 딱 맞는 것만 찾으시면 어떻게 해요? 어머니는 더 싼 땅콩을 찾으시는 거죠? 퍼서 파는 땅콩이 없다는데 어쩌라고요? 외국인이 우리나라에 와서 시장표 생땅콩 찾는 게 쉬운 줄 아세요?
- 너는 또 왜 성질이야? 어미한테!

소금이 가미된 땅콩 두 봉지, 완두콩을 눌러서 튀긴 거 한 봉지를 샀다. 왜 모든 게 어렵기만 한 걸까? 불평할 때마다 불효자가 된 기분이다. 효자도 정말 아무나 하는 거 아니구나.

2

   – 그런데, 엄마 이거 물맛이 왜 이래요?

생수 맛이 이상하다.

– 세제 맛이 나요.
– 세제를 푼 물은 여기 따로 있어. 봐.

   또 다른 생수병에 담긴 세제물을 흔드신다. 어머니는 액체 세제를 물에 섞어서 빨래를 하신다. 똑같은 생수병, 양만 조금 다르다.

– 그런데, 왜 두 통에서 똑같은 냄새가 나요?
– 아니라고. 아니라니까. 그래서? 이제 와서 뭐, 어쩔 건데?
– 아아아아아아악

   세제를 마셨다. 물을 섞으셨으니, 즉사는 안 할 것이다. 니코틴, 타르가 몸에 해롭다고 해서 담배를 끊었다. 스팸도 안 먹는다. 라면도, 커피믹스도, 아이스크림도 몸 생각해서 한 달에 한 번 먹을까 말까. 그랬더니, 그랬더니 계면활성제가 듬뿍 들어간 세제를 먹이셨다. 나는 범인 아니다. 어머니는 한사코 부인만 하신다. 어떤 미친 인간이 세제를 물에 풀어 냉장고 맨 위칸에 넣어두니? 어머니도 그 미친놈이 참 어이가 없으시다. 벌컥벌컥 정확히 세 모금, 아니, 네 모금을 들이켰다. 여기가 지옥이다.

― 너, 이놈. 어머니가 아니라잖아.
― 제가 괜찮냐고 먼저 물어보셔야죠. 아, 진짜!

오토바이 시동을 건다. 아버지는 이제야 어머니 편을 드신다. 둘은 서로를 지키신다. 감싸신다. 아름다운 장면이다. 어머니는 어머니가 무죄인 게 더 중요하다. 세제를 마신 아들은 그다음이다. 이 순간이 싫다. 가족도, 여행도 지긋지긋하다.

― 조심히 운전해, 천천히 가!

어머니는 아들이 불안하시다. 어머니의 하나 마나 한 걱정을 한 귀로 흘린다. 아아아아아악, 아아아아악. 오토바이 운전대를 잡고 마음껏 소리를 지른다. 또 이곳으로 돌아와야 한다. 아들 노릇, 가이드 노릇을 해야 한다. 세제를 마시고 끄떡없는 내 몸뚱이도 지겹다. 거품 물고 대들었다. 세제 거품일까? 분노의 게거품일까? 잠시만이라도 미쳐서 노래나 실컷 부르고 싶다. 코인 노래방이 어디 없을까? 아아악, 아아악. 오토바이 속도를 높이다,

18

세제를 먹고 난 후에 마시는
카푸치노는
꿀!

사진 찍을 때만큼은 무척이나 협조적이신 아버지

세제를 먹은 후엔 어떤 커피가 좋을까? 이런 고민을 하며 카페 메뉴판을 훑는 날도 살다 보면 온다.

카푸치노. 뜨거운 걸로.

평소 깝죽거리던 기생충들은 난리가 났겠구먼. 봉사하고 싶고, 유익하고만 싶었던 유산균이라든지, 백혈구는 그 어떤 노력도 무의미하단 걸 뒤늦게 깨닫고, 죽어 나가고 있을 것이다. 응급실에서 위세척을 하거나, 손가락이라도 집어넣어서 토해내야 마땅하지만 이미 창자 아래쯤 자리 잡은 세제를 끄집어낼 방법은 없다. 내장에 들러붙어 지금까지 잘 살아온 온갖 생명체들아 잘 뒈지렴. 나도 못 해본 버블 파티로 생을 마감하는 건데 뭐가 그렇게 억울하니? 징징대지 말고, 깔끔하게 죽어, 죽엣!

카오타(Khaotha) 카페는 두 번째다. 빠이에서 꽤나 유명하다기에 왔고, 마셔 봤더니 맛있어서 또 왔다. 낮에 두세 시간 정도는 온전히 내 시간이다. 매일 쓰는 글이 생계를 책임져 주는 일이 됐다. 일기를 팔아서 먹고 사는, 지구에 100명도 안 되는 생명체 중 하나다. 게다가 어머니, 아버지와 떨어져 있을 수 있다. 우유 거품이 유난히 두꺼운 카푸치노를 한 모금 마신다. 몽롱하다. 눈이 감긴다. 이제야 온다. 세제야 와라. 이게 세제의 위력이구나. 너무 멀쩡해도 이상하지. 잠깐이라도 의식을 잃고 나면, 깔끔해진 내가 되겠지. 내일의 똥에선 세탁소 냄새가 나겠구나.

잠깐 졸았을 뿐이다. 어째 개운하다. 설마 아무렇지도 않은 건가? 아무렇지도 않을 리가? 그런데 아무렇지도 않다. 식은 카푸치노에서 너무 뜨거울 때는 안 느껴지던 계피 향이 훅 올라온다. 참으로 무능력한 세제로구나. 어머니는 냉장고에 세제가 있을 리 없다는 말을 여러 번 하시고는, 문제의 세제물을 졸졸졸 변기에 따라 버리셨다. 왜 안 드시고 버리시나요? 매일 나오는 빨래는 어머니 덕에 쌓일 틈이 없었다. 장기 여행자는 누릴 수 없는 호사다. 아버지는 어머니가 안쓰러우시기만 하다. 늘 밝던 아내가 풀이 죽은 꼴을 어찌 보나? 만에 하나 세제를 푼 물의 범인이 아내라고 해도, 나만큼은 아내가 최고다. 오늘만큼은 아버지도 투덜대지 않으실 것이다. 아내라는 단단한 지지대를 믿고, 아버지는 투정의 텀블링을 즐기셨던 거다. 여행은 없어도 되지만, 아내는 없으면 안 된다.

- 조금만 있다가 들어갈게요.

어머니에게 카톡을 보낸다. 이제 어머니도 안심하실 것이다. 화가 풀린 아들이 이제 곧 돌아온다. 몇 년 전부터 어머니 눈빛이 힘을 잃어가고 있다. 뇌가 급격히 쪼그라들고 있다. 치매가 남 이야기인 줄만 알았다. 겁이 나서 스마트폰을 안겨드렸다. 카톡을 하게 하고, 유튜브로 이미자의 노래를, 백종원의 요리를 스스로 찾아보시도록 했다. 뭘 어떻게 해야 하지? 늙어가는 뇌는 쥐어짜며 스마트폰 세상을 분석할 것이다. 이번 여행도 그런 이유로 시작됐다. 모르는 세상에 던져져서, 죽었던 뇌를 괴롭히는 시간. 아들만 없으면 안절부절, 호텔 카운터에 가서서 쭈뼛쭈뼛 물을 줘. 아니 워터, 워어터. 꾹꾹 눌러서 한 발음, 한 발음, 뇌가 다 쿡쿡 쑤시지만 물은 마셔야 하니까. 처음 보는 꽃, 나무, 처음 맡아 보는 음식 냄새에 당혹스럽고, 가끔은 황홀하기도 하다. 24시간 어머니, 아버지 병시중을 들 수 없는 불효자라서, 부모님 스스로가 노화를 책임질 수 있도록, 이 먼곳까지 끌고 온 것이다. 이번 여행은 치매 예방 프로젝트였던 것이다.

부모님의 노화는 나의 미래다. 설마 내가? 내가 세제 푼 물을 냉장고에 넣을 리가? 전자레인지로 플라스틱 용기를 다 녹일 리가? 그런 날은 온다. 반드시 온다. 지금 어머니와 아버지가 머무시는 방은 막막함으로 가득할 것이다. 우린 곧 재회한다. 만나서 밥을 먹고, 함께 이부자리를 펼 것이다. 지금은 한 잔 더, 더 비싼 커피로 마실 생각이다. 믹스 커피만 마시는 부모님께는 죄송하지만, 나는 내가 더 소중하다. 소중한 나는 어떻게든 이 순간을 이겨낼 것이다. 오늘의 깨달음, 무조건 나를 챙길 것. 카페 카오타(Khaotha)에서 마신 카푸치노는 평생 잊지 못할 것이다.

19

나를 찾아온 젊은 작가

잘 생기고, 따뜻하고, 문장도 훌륭한 문상건 작가

- 반자보까지 가는 투어가 있나요?
- 3천 바트(12만 원)요.
- 그렇게 비싸요?
- 새벽에 차로 데려다주는데, 10바트(400원)라도 하는 줄 알았수?

사장인가? 직원이 사무실에 벌러덩 누워서 TV 볼 배짱까진 없을 테니까. 나는 지금 여행사에 와있다. 빠이에서, 아니 태국에서 최초로 만나는 무례한 사람이다. 부모님과 시장을 가고, 쌀국수를 먹고, 돌아와서 믹스 커피를 타 마신다. 사이사이 어머니와 아버지, 아버지와 나, 어머니와 나는 돌아가면서 싸우고, 세제 물을 마시거나, 경찰에게 딱지를 떼이기도 한다. 그런 와중에도 빠이가 좋다. 사람들이 착해서다. 예를 들면 경찰서에서 무면허로 딱지를 뗄 때, 경찰 청년은 울 것 같은 얼굴로 벌금 400바트를 요구했다. 사람을 죽인 것도 아닌데, 그깟 무면허로 돈을 착취하다니요? 그런 표정으로 공손히 손을 내밀었다. 순한 사람들의 나라, 태국. 내가 태국을 각별히 애정하는 이유이기도 하다. 저렇게 말을 싹퉁머리 없이 하는 작자도 더러 섞여서 사는지 몰랐다. 옆옆 여행사에서 1천600바트, 거의 절반 가격에 반자보로 가는 차를 빌렸다. 내일 우리는 반자보로 간다.

문상건 작가가 마침 빠이라며 연락이 왔다.
나로 말할 것 같으면 작가들에게마저 존경받는 작가다. 연예인 중

연예인이 이효리라면, 작가 중의 작가는 박민우다. 여행 작가계의 살아 있는 전설이라고나 할까? 공중화장실에선 똥도 못 누겠다. 나도 똥 누고, 방귀 뀌는 보통 사람이라고 하면 깜짝 놀랄 후배 작가들이 한둘이 아니다. 미친 거 아니냐고 지금 나에게 따지시는 건가? 책에다 침이라도 뱉으시든가. 사촌 누나 둘과 빠이에 온 훈남 작가 문상건은, 피곤하지만 박민우를 잠깐이라도 영접하고 싶다.

굿라이프 다차(Good life Dacha)는 숙소 겸 식당인데, 마당에서 명상하는 이들을 우연히 봤다. 나나 되니까 이런 곳도 발견하는 거다. 굿라이프 다차에서 봅시다. 박민우 작가는 참 아는 곳이 많기도 하지. 사소한 걸로 감동해 주기를 바랐다. 각자의 오토바이를 세우고, 반갑게 악수를 하고, 성큼성큼 안으로 들어갔다. 엄마 말 지지리도 안 듣게 생긴 서양인들이 마당에서 꿀렁꿀렁 웨이브를 타고 있었다. 똑같은 동작은 하나도 없다. 예전에 호흡 명상을 열심히 할 때, 비슷한 경험을 한 적이 있다. 어떤 원칙도 없이, 흐름에 자기를 맡기는 것. 자연스럽게 몸이 움직이기 시작한다. 나도 그때 지렁이처럼 꿈틀댔다. 깨달음은 지렁이였던 것이다. 당시 나는 누구보다 뛰어난 지렁이였다. 갤럭시 노트를 들고 꿀렁대는 서양인들을 찍었다. 허락도 없이 사진을 찍는 무개념 인간으로 보면 어쩌지? 야성이 살아있는 작가로 보일 수도 있는 거니까. 후배 작가가 알아서 반해주길 바라면서 폰카메라 셔터를 눌러댔다.

- 사진 촬영은 안 됩니다. 같이 춤을 추시지요.

50대로 보이는 백인 남자였다. 지렁이도 밟으면 쪽팔린 것 정도는 안다.

- 아니면 커피를 한잔 할까요? 제가 가져올게요.

우크라이나 사람이고, 사장이라고 자기를 소개한 남자는 예의 바르게 나를 제지했다. 굿라이프 다차의 다차(Dacha)는 러시아어로 별장이란 뜻이다. 나는 경솔했다. 사진을 찍는 게 아니었어. 그래도 이 짧은 순간에 공짜 커피를 받아냈다. 문상건 작가는, 열 살 이상 차이 나는 사촌 누나 둘과 치앙마이, 빠이, 방콕을 여행 중이다. 열 살 차이면 위태위태하구먼. 만만한 사촌 동생을 얼마나 괴롭히겠어? 솔직해지지 않으면 불만만 쌓여요. 사촌 누나와 원수 되는 것도 시간문제라오. 조언해주는 척, 어머니, 아버지와 다니는 고충을 슬쩍 내비쳤다. 아, 이래서 사람들이 상담을 받고, 정신과 의사를 만나는 거구나. 들어만 주는데도 눈물이 날 것 같고, 문상건 작가가 고맙고, 잘 생겨 보이고 그랬다. 가방에서 주섬주섬 자신의 책 한 권, 내 책 '입 짧은 여행작가의 방콕 한 끼' 한 권, 카드 한 장을 꺼낸다. 내 책에 사인을 해 달라는 거구나. 자신의 책을 읽어달라는 거구나. 그런데 카드는 뭐지?

- 지금 읽어보셔도 되는데요. 작가님 어머님, 아버님께 드리는 글이에요. 작가님과 부모님의 여행이 얼마나 멋져 보이는지 몰라요.

모든 작가는 자기 자신을 쏟는다. 그걸 책이라고 한다. 책 한 권이 나오기까지, 정신력과 피와, 불면의 밤을 요구한다. 글이란 놈이, 책이란 놈이 그렇게나 염치가 없다. 고기가 갈려서 식용 비닐에 꾹꾹 담겨야 소시지인 것처럼, 일정한 압박 없이는 글이 나오지 않는다. 심지어 좋은 글은, 더 잘게 다지고, 꾹꾹 눌러야 한다. 문상건 작가의 글은 좋기까지 하다. 그렇다면 문 작가가 존경하는 나는 얼마나 대단한 작가란 말인가? 우크라이나 사장은 커피를 까맣게 잊고, 우리를 방치한다. 주인 양반만 아니었으면, 당연히 커피를 시키려고 했다. 어떻게 된 거냐고 묻기도 좀 그렇다. 공짜 커피는 언제 나오는 거요? 이런 당당함이 당연하면, 글 쓰는 직업을 택하지 않았겠지. 뻔뻔하지 못해서 글 쓰며 산다. 약지 못해서 이 고리타분한 일을 직업이라 우기며 배고프게 산다. 대화에 집중하는 척했다. 어차피 선배 작가가 사 줘야 하는데, 이렇게 부드럽게 돈이 굳기를 바랐다. 문 작가도 그깟 커피가 목으로 넘어가겠어? 내가 눈앞에 있다는 것만으로도 정신줄 잡기가 쉽지 않을 텐데. 다시 한 번 강조하지만 나는 작가계의 이효리다. 차이라면 그녀는 부자고, 내 통장 잔고는 100만 원을 왔다갔다 한다는 것 정도?

- 이거, 뭐야? 돈이냐?

아버지와 고스톱을 치던 어머니는 10달러 지폐 세 장을 흔드신다. 미국 돈 30달러. 알록달록 봉투가 돈봉투였던 것이다. 그 인간이 돈을 넣었어? 카드는 핑계였던 거고? 어머니, 아버지! 제가 이런 사람입니다. 그러니 부모님이시지만, 아들을 좀 어려워해 주시겠어요?

- 카드도 있는디? 뭐라고 쓴 거여?

눈이 조금이라도 젊은 내가 읽어 드려야 한다.

- 박민우 작가 덕분에 수많은 청춘들이 배낭을 메고 웃습니다. 이제는 어머님, 아버님 덕분에 우리의 부모님도 길을 나설 수 있습니다.

길지 않은 문장으로 심장을 쥐어뜯는구먼. 울면 안 된다. 아버지 앞에서 약해진 티를 내면 더더욱 안 된다. 더 악독해져서, 어머니, 아버지를 감시해야 한다. 어머니, 아버지 우리 잘 좀 합시다. 우리의 여행이 이렇게나 큰 관심을 받고 있다는 거 모르셨죠? 생각할수록 오싹하네. 문 작가 앞에서 봉투를 까 보지 않길 잘했지. 눈앞에서 봉투를 열었으면 어쩔 뻔했어? 돈을 어쨌든 챙겼을 거면서, 난처한 연기를 얼마나 어설프게 해댔을까? 맥주라도 쏘겠소. 달러까지 받은 선배 작가는 뭐라도 샀을 게 분명하다. 돈도 굳고, 달러도 챙기고. 이리, 흡족할 수가. 이리 뒹굴, 저리 뒹굴 잠을 청한다. 잠아 어서 오렴. 새벽 네 시 반에 일어나서 반자보로 가야 한다. 뭉클함이 너무 오래간다. 잠이 잘 안 온다. 다음번에 만나면 내가 밥도 사고, 술도 사야 하니까, 한참 후에나 봐야지. 누가 뭐래도 나는 지질하다. 지질한 지렁이다. 어머니, 아버지. 우리들의 여행이 누군가의 여행이 되고 있어요. 꿈이 되고 있어요. 다시 가슴이 뛴다.

정신 차려라, 박민우. 왜 눈물이라도 질질 짜게? 내일은 내일의 지옥이 기다리고 있음을 한시도 잊지 말라고. 이 멍청아!

20

아가씨 어디에서 왔소?
나 좀 가만히 내버려 두세욧

반자보의 일출과 쌀국수

새벽 다섯 시에 차가 온다. 네 시에는 일어나야지. 아버지의 상식이다. 나는 네 시 반. 아버지 말씀이 옳다. 서둘러서 나쁠 거 없다. 손해 보는 느낌이 들더라도, 미리 대기하는 편이 낫다. 30분만 더 자겠다고 짜증 내는 아들이 바보다.

아버지나 나나 두 시부터 눈이 떠진다. 시간을 확인한다. 제대로 된 잠은 한두 시간이나 잤을까? 어머니는 새벽 두 시에도, 세 시에도, 네 시에도 쿨쿨. 전생에 장군이거나, 왕이셨음이 확실하다. 세상 무서우신 게 없으시다. 아버지가 한참 돈 좀 만지실 때, 고스톱으로 집 한 채를 날리셨다. 배짱 두둑 어머니가 화투패를 들었어야 했다. 도박의 승자는, 두려움이 없는 자다. 나는 어머니를 닮고 싶다.

깜깜한 어둠을 뚫고 헤드라이트가 반짝반짝, 차는 정확히 다섯 시에 왔다. 우리는 한참 전에 샤워까지 끝내고, 차가 오기만을 기다렸다. 차를 빌리는데 1천600바트(6만4천 원)를 썼다. 한숨도 못 잤다. 반자보라는 곳의 일출이 그만큼 대단할까? 일종의 화풀이다. 아무것도 안 할 거면, 뭐하러 왔어? 아버지의 불평에 대한 복수다. 안다. 아버지도 홧김에 해보신 소리라는 걸. 아버지도 대부분의 시간을 감사하고 계심을 아들인 내가 왜 모르겠는가? 뒤끝이 만리장성만큼 긴 아들은 흘려 들어지지가 않았다. 숨 막히는 스케줄에 치 좀 떨어 보시지요. 이런 맘으로 꼭두새벽 반자보로 간다. 충격적으로 신비로운 일출을 볼 수 있는 곳이다. 구름이 넘실넘실, 잘생긴 산들이 첩첩첩. 산수화 같은 풍경에 푹 갇혀서, 집 한 채를 날렸던 화투패의 팔광을 떠올려 보시지요.

- 아가씨, 이거 아가씨 것 아니요?
- 아닌데요.

여자는 재빨리 아버지에게서 멀어진다. 반자보라는 곳에 도착한 시간은 여섯 시 반쯤. 구불구불 도로를 한 시간 반 정도 달렸다. 산 위로 얇게 펴 발라진 선이 조금씩 붉어진다. 20여 명 정도 되는 사람들이 추위에 떨며 해뜨기만을 기다리고 있다. 산이 귀한 태국에서나 알아주는 풍경이겠지. 이 돈으로, 호텔 뷔페에서 배 터지게 먹었어야 했는데. 사사로운 복수심에 여기까지 왔다. 다 아버지 때문이다. 그런데 아버지는 풍경에 집중 안 하고, 왜 사람들에게 기웃거리시나요? 아버지는 한국 사람이 몇 명인가에만 촉각을 곤두세우신다. 아버지는 자동차 키 커버 하나를 줍고는 한국인으로 보이는 여자에게 말을 거신다. 내 거 아닌데요. 그 짧은 한마디와 함께 여자는 멀찌감치 떨어진다. 아가씨도 너무 까칠하긴 했다.

- 아니면, 아닌 거지. 버르장머리하고는.

아버지는 한국 사람이라 반갑고, 그 반가운 한국 사람이 소중한 걸

잃어버렸을까 봐 안절부절못하셨던 거다. 어, 한국에서 왔소? 나도 한국에서 왔소. 어디 사시오? 이렇게 시작된 관계로 밥이라도 같이 먹고, 한국에서 또 보자는 말로 끝난다면 일출 열 번보다 훨씬 뿌듯하셨을 것이다. 나는 냉랭하게 아니라고 말하는 여자와 완벽히 같은 부류다. 느닷없는 다가옴이 불편하다. 어떻게 대처해야 할지 모르는 어색한 상황에서 도망치고 싶었을 뿐이다.

아버지는 절대로 원하는 관심을 받을 수 없다. 대부분의 사랑은 아버지처럼 일방적이다. 마음만 있고, 요령은 없다. 적어도 아버지는 사랑을 하고 있다. 사랑으로 가득한 나의 아버지가 불편하고, 딱하다. 아버지는 사람에 대한 호기심을 멈추지 않으신다. 아버지의 영혼은 나보다 훨씬 순수하고, 잘생겼다. 나는 아버지처럼 늙고 싶지 않다. 손해 보는 장사는 싫으니까. 누울 자릴 보고 다리를 뻗겠다. 환영받지 못한다 싶으면 관심을 들키지 않겠다. 내가 아버지 나이가 되면, 무인도로 늙어갈 것이다. 아무도 찾아주지 않는데, 알량한 자존심에 매달려서 이를 악물고 외로움을 부정하겠지. 누가 옳은가? 정답은 없다. 누가 더 강한가? 단연코 아버지다. 아버지는 부서져도 손을 내미셨다. 그 뜨거움으로, 존재를 증명하셨다. 나는 자존심뿐이다. 사막의 모래알만도 못한 걸 신줏단지 모시듯, 그렇게 늙어가겠지. 누가 더 가여운가? 아버지가 아니라 나일 것 같아 몹시 불안하다.

태양이 볼록 솟아오르는 순간, 바로 옆 쌀국숫집이 문을 연다. 우리처럼 일출이 시시한 사람들이 쌀국숫집에 우글우글. 국수나 먹고 갑시다. 하지만 국수 한 젓가락을 들어 올리면서, 일출은 특이한 방식으로 존재감을 드러낸다.

(싹퉁머리 없는 여자 같으니라고)

(여기까지 올 돈으로 고기를 먹었더라면)

(아들아, 이 국수는 얼마냐?)

국수의 면발 사이로 햇빛이 침투한다. 그래서, 뭐? 쌀국수의 김이 모락모락 풍경에 덧발라진다. 구름 한 겹, 김 한 겹. 두 개의 층이 시야를 흐릿하게 한다. 그 흐릿한 캔버스에 쌀국수 면발이 균열을 일으킨다. 태양과 산, 구름의 장엄함에 고작 쌀국수다. 그 한 젓가락이 태양과 어깨를 나란히 한다. 가장 대단한 것은 가장 작은 것, 철학적 기습 공격이 기이한 감동을 불러 일으킨다. 평생 봤던 최고의 일출들이 쌀국수 하나로 한 등수씩 밀려난 순간이다. 히말라야도, 아마존의 정글도 지금 이 일출을 이길 수 없다. 대자연의 완벽한 대칭과 균형은 쌀국수가 섞이면서 불완전해졌으며, 그래서 더 위대해졌다. 지나치게 대단한 감동은, 한참 지나서야 의미가 된다. 우리 셋은 그래서 쌀국수만 열심히 먹는다. 추울 땐 따뜻한 국물이 최고니까.

21

이따위 식당에
기죽을 아비로 보였냐?

친절하고 아기자기 예쁘기까지 한 호텔 OIA

- 문 작가, OIA 호텔에 한 번 가보세요. 누나들이 좋아할 거예요.

　사촌 누나와 빠이까지 왔는데 뭐라도 건져가야지. 내가 아무 곳이나 추천할 사람인가? 여기다 싶은 곳이다. 못 가봤지만, 좋을 것이다. 사진과 후기만 봐도 견적 나온다. OIA는 그리스 산토리니 북서쪽 절벽 마을이다. 그 마을을 흉내 낸 빠이의 호텔은 문 작가와 누나들에게 근사한 선물이 될 것이다. 빠이에서 마지막 날이다. 반자보의 일출로 빠이의 일정은 완전해졌다. 쌀국수와 메추리알 노른자 같은 태양이 한 프레임에 걸린 사진은 페이스북과 인스타그램에서 500명 이상이 좋아요를 누르게 했다. 나만 느꼈던 소름이 아니었던 것이다. 홀가분하게 빠이를 떠날 수 있게 됐다. 가만, 이렇게 빠이 여행이 끝난다고? 빠이에서 치앙마이로 가는 이유는 나중에 밝히도록 하겠다. 이 여행의 신은 나다. 빠이의 결말을 바꾸고 싶다면 얼마든지 바꿀 수 있다. OIA 호텔을 가겠다. 문 작가에게 기증받은 30달러를 쓰겠다. 그리스 섬마을을 어설프게 따라한 게 왜? 적당한 유치함은 애교다. 이런 곳이 바로 동화 마을 아니겠나? 추천만 할 줄 알았지, 정작 추천한 본인은 갈 생각도 하지 않았다. 알록달록 하얀 집에, 하얀 보트가 둥실둥실. 아들아, 사진 좀 찍어봐라. 왜, 이리 굼뜨냐? 해 넘어갈라. OIA는 어머니, 아버지 취향이라 확신한다.

　- 천장이 싸구려 나무네. 이런 것도 호텔이라고!

또 틀렸다. 나는 아버지를 여전히 너무나 모른다. 오토바이로 두 번을 왕복했다. 한 번에 한 명씩. 처음엔 어머니, 나중에 아버지를 태우고 왔다. 어머니는 비쌀까 봐 걱정이다. 사진만 찍고 가면 안 되니? OIA 호텔이 예쁘긴 하지만, 가난한 아들이 마음에 걸리신다. 아버지는 잠깐 깜짝 놀라시고는 원래의 아버지로 돌아오셨다.

그리스 작은 항구 마을을 흉내 낸 OIA 호텔은 모든 직원이 선원 복장을 하고 있다. 천장을 나무판자로 덧댄 건, 작은 어촌 마을 선착장을 표현하고 싶어서다. 젊은 친구들이라면 인생 사진 건졌다며 좋아요를 남발할 만한 곳이다. 마침 산토리니를 꼭 닮은 뙤약볕이 호텔 수면을 내리쬐고 있었다.

- 음식값도 안 비싸요. 지금 우리가 주문한 거 다 해서 3만 원이 안 돼요.
- 싼 것만 시켰으니까, 그렇지.

아버지. 하아, 아버지이이이! 아버지는 반남박씨인게 그렇게나 자랑스러우시다면서요? 호남 최고의 명문가라면서요? 조선시대, 아니 우리나라 역사를 통틀어 최고의 여행기 열하일기를 누가 썼나요? 연암 박지원 할아버지예요. 직계도 아니면서, 우리 집안 사람이라고 자랑하시지나 말든가요. 박지원 할아버지 책을 꽂아 놓기만 하면 뭐해요? 왜 읽지를 않으세요? 호기심 많고, 장난기 가득한 박지원 할아버지가 이런 아버지를 보면 참 좋아하시겠습니다. 다른 나라를 제대로 감동한 사람이 바로 박지원 할아버지라고요. 어휴, 따져서 뭐하겠어요? 제 수명이나 단축되죠. 일부러 그러시는 거죠? 제 기대만큼 좋아해 달라는 저도 꼰대 맞아요. 오늘처럼 하고 싶은 말씀 참지 말고 다 하세요. 저도 그냥 입 다물게요. 이런 식으로 여행 자알 해보자고요.

– 호텔 차로 숙소까지 좀 태워주실 수 있을까요?

왜 아쉬운 소리를 하냐면요. 손님은 우리뿐인데, 호텔 차 여러 대가 놀고 있더라고요. 밥 손님을 위한 차가 아닌 건 알아요. 물어나 보는 거죠. 저나 되니까, 이런 빈틈도 보는 거예요. 아들 덕에 여행 편하게 하시는 거, 알아달라고 안 합니다. 거절하면 제 오토바이 타고 가셔야죠. 미워도 어머니, 아버지인데요. 걱정 마세요. 버리고 안 도망가요.

– 예스, 예스. 엄마, 아빠 레츠고!

잘못 들은 거 아니고요. 한국어로 엄마, 아빠라고 한 거 맞아요. 빠이에서 늦둥이까지 보셨어요. 이 복을 다 어찌 감당하실 건가요?

– 아니, 이게 말이 되냐? 바쁜 점심시간에, 공짜로 태워주는 경우가

어디 있어? 한국이라면 어림도 없지. 우리 태워주고 욕먹는 거 아니냐? 너도 염치가 좀 있어야지. 이 젊은 친구들 잘리면, 네가 책임질 거야? 여기 숙소 명함 좀 달라고 해. 연락처도 받아 놔. 어떻게 밥만 먹고 가는데, 집까지 태워줘? 나는 이런 곳은 처음 봤다. 이런 나라는 처음 봤어.

아이고, 아버지. 그냥 좋다고 해도 누가 안 잡아가요. 그렇게 삐져나오는 웃음 안 참으셔도 돼요. 박상원, 이명심 부부는 유치원 아이처럼 고와졌네요. 미아삼거리 주산부인과에서 태어난 아들이 오토바이를 타고 열심히 쫓고 있어요. 그러니 불안해하지 않으셔도 돼요. 아들이 안 보이면 어쩌지? 아들이 그렇게 소중하면 좀 더 착해지시든가요. 여행 또 가고 싶으시면, 아들에게 지는 법도 좀 배우셔야죠. 태국에 또 오기 싫으시면, 마음껏 심술부리시든가요. 아버지! 눈 크게 뜨고 펼쳐진 마늘밭도 좀 보고 그러세요. 왜 자꾸 눈을 감으세요? 우리만을 위한 꽃들이, 풀들이 이렇게나 휘영청 흔들리고 있는데요.

22

나에게 슈퍼맨이 필요해, 땅 형님 도와줘요!

어머니와 나, 단둘만 쌀국수를 먹는다

- 이번에 가면 땅이는 볼 수 있는 거냐?

참, 아버지도. 남의 집 귀한 아들을 뭘 또 그렇게 찾으세요? 땅은 올해 한국 나이로 55세의 태국인 회계사다. 태국 사람은 이름보다 별명으로 불린다. 본명은 길기도 하고, 발음도 어렵다. 그의 별명이 땅이다. 여섯 살 위니까 땅 형님. 대단한 부자는 아니지만 집이 몇 채 있는 중산층이다. 덕분에 방콕에 공짜로 머물 수 있는 방 한 칸이 내게 주어졌다. 한 달 수입 100만 원이 채 안 되는 나는, 땅 형님 덕에 방콕에 머물 수 있는 사람이 됐다. 어머니, 아버지를 방콕에 모시고 간 적 있다. 그때 땅 형님이 닷새동안 차로 방콕과 주변을 샅샅이 구경시켜줬다. 구경만으로 끝난 게 아니다. 숙소와 매일의 만찬까지 책임졌다. 어머니, 아버지 떠날 때는 바리바리 선물까지 챙겼다.

부자 친구를 두는 것, 어릴 때 꿈이었다. 〈말괄량이 삐삐〉. 스웨덴에서 만든 어린이 드라마에서 삐삐가 그런 친구였다. 금화가 집 어디든 굴러다니고, 가게의 초콜릿과 사탕을 모두 쓸어 담아도 거슬러 받을 잔돈이 사탕보다 더 무거운 아이가 삐삐였다. 삐삐같은 친구가 있다면 얼마나 좋을까? 그런 친구가 내 삶에 등장했다. 지금도 믿기지 않는다. 물론 세상 공짜 없고, 어떤 호의든 의도가 있을 것이다. 그런 의심으로 10년이다. 아직까지 의도는 모르겠고, 나는 여전히 빌어먹고 있다. 혹, 나중에 거대한 음모가 들통난다 해도 어쩌겠는가? 목숨이라도 바쳐야지.

20년을 내다본 거대한 사기극이라면 당해야 마땅하고, 그래도 엄청난 손해는 아닐 것이다. 아버지가 땅 형님을 찾으신다. 치앙마이와 방콕의 거리는 700km, 서울에서 부산이 400km. 서울 부산의 거의 두 배 거리다. 아버지는 방콕과 치앙마이의 거리가 서울, 인천 정도인 줄 아신다. 서울, 인천이어도 그렇지. 한두 번도 아니고, 우리 왔으니 대접 좀 해라. 뻔뻔하게 또 들이댈 수는 없다.

꼭두새벽, 빠이에서 치앙마이로 돌아가는 날. 미리미리 짐 싸라. 먼저 가서 기다리는 게, 쫓기는 것보다 100배 낫다. 아버지의 철칙에 나도, 어머니도 열심히 복종한다. 우리는 한 시간 일찍 버스 터미널에 도착했다. 묵는 곳에서 버스 터미널까지는 3.4km. 그래도 경기도에서 인천공항 가는 마음으로 서둘러야 했다. 아침 여섯 시의 빠이 버스 터미널은 어찌나 어두운지, 별은 하늘에서 송두리째 총총했다.

- 추운데 뭐 좀 따뜻한 거 없을까?

어머니가 시장하시다. 새벽 여섯 시에 따뜻한 요기 거리가 있을까? 산속 마을의 작은 버스 터미널이다. 이 시간에 음식을 팔려면, 새벽 네 시에는 일어나야 한다. 있을 리가 없지. 저만치서 보이는 불빛을 보면서도, 식당은 아니겠지 했다. 세상에! 뜨거운 커피와 쌀국수, 죽을 파는 노점이다. 답사를 마친 나는 이 기쁜 소식을 터미널에서 무표정하게 기다리시는 어머니, 아버지께 전했다.

- 어머니, 아버지. 쌀국수도 있고, 죽도 있어요.
- 그러면 쌀국수를 먹어야지. 당신은 죽 드실래요?
- 먹긴, 뭘 먹어? 이 짐을 두고?
- 아버지, 바로 저기예요. 저기.
- 안 가, 안 먹어.
- 짐은 제가 옮길게요.
- 안 먹는다니까. 너나 먹고 와. 엄마랑.
- 코앞이잖아요.
- 안 먹는다고. 안 먹는다고.

혹시 70미터 거리가 700미터로 보이시는 걸까? 무릎 관절이 나가셨나? 입맛이 없으면, 없다고 하시지. 70미터가 어마어마한 거리임을, 일흔여섯 살이 안 돼봐서 내가 모르는 걸까? 그러지 말고, 같이 가요. 어머니는 아버지를 데리고 가고만 싶으시다. 김을 불어가며 뜨거운 국물을 오손도손 먹는 순간은 그렇게 날아갔다. 아버지는 내게 바다다. 깊은 바다. 산소통이 필요한, 숨 한 번도 갑갑하게 쉬어야 하는 어두운 바다다. 아, 탈출하고 싶다. 산소를 맹렬하게 내뿜는 숲에 홀로 누워서, 바다는 쳐다도 안 보면서 빈둥거리고 싶다. 염치고 나발이고, 땅 형님이 필요하다. 나부터 살고 봐야겠다. 세 시간 후엔 다시 치앙마이다. 이 무거운 짐, 더 무거운 아버지의 심술을 나눌 슈퍼맨이 필요하다. 뻔뻔하게 땅 형님을 부른 건 나였다. 땅 형님이 비행기를 타고 치앙마이로 온다. 이제 곧, 땅 형님을 만난다. 드디어 나의 산소통님께서 오신다.

23

화장실 두 개,
하지만
저렴한 방을 찾아낼 것

힘들게 찾은 화장실 두 개 방

1

- 아이고, 여전히 잘 생겼다. 안 늙네, 안 늙어. 너는 필러를 좀 맞든가 해야지.

20대 때는 동안 소리가 그렇게 싫더니, 50대 남자보다 더 늙어 보인다는 사실을 굳이, 어머니의 입을 통해 듣는다. 이번만큼은 내 비루한 몰골도, 질투심도 큰 힘을 발휘하지 못한다. 땅 형님의 떡대 주위로 광채가 눈부시다. 아, 이런 느낌인가? 구원이나 신의 은총 느낌이? 치앙마이 공항에 도착한 형님은, 렌트한 차로 우리의 짐을 싣는다. 친구 부모님을 보려고, 비행기, 자동차 렌트비로만 최소 50만 원을 썼다. 내 친구, 친구의 친구, 친척 수십 명이 땅 형님의 은혜로 방콕에서 배 터지게 대접받았다. 서울에 오면 한턱 쏘겠습니다. 땅 형님께 보은하겠다는 이들이 한국에서 번호표 받고 대기 중이다. 대부분은 그 소원을 이룰 수 없을 것이다. 땅 형님은 한국에 와도, 숙소 근처에서 깨작깨작 맛집 몇 곳 다니고는, 방콕으로 돌아간다. 그것만으로도 충분하다. 정말 이상한 사람이다. 숙소까지 자기 돈으로 예약하겠다고 해서, 서둘러 예약했다. 맨날 얻어먹는다고, 사람을 뭘로 보는 거야?

- 난, 그냥 따로 방 잡을게. 화장실이 하나일 거 아니야?
- 화장실 두 개예요.

따로 자겠다니? 형님, 아니 형씨! 뭔가 착각하고 계시나 본데, 콧바람 쐬러 온 줄 아슈? 우리 아버지를 책임지셔야 할 분이, 딴 곳에서 묵겠다니요? 돈은 돈대로 쓰고, 욕받이 되고 싶어요? 땅이는 며칠 있다 가냐? 만나기도 전에 이별할 날부터 걱정합디다. 어머니 말고, 아버지가요. 형님 온다니까, 빠이고 나발이고 당장 치망마이로 가재요. 심술 100단 나의 아버지가요. 제발 아버지 사랑 다 받고, 손 꼭 잡고 다녀주세요. 화장실 두 개 방으로 어떻게든 구해놓을 테니, 얌전히 자고 가라고요.

화장실이 두 개인 방이라!

평균적인 태국 집은 작다. 저택을 빌려야 하나? 태국 물가가 아무리 저렴해도, 그런 집을 통째로 빌리려면 1박에 20만 원은 든다. 그럴 돈이 있을 리 없다. 있어도 못 쓴다. 눈에 불을 켜고 에어비엔비를 뒤졌다. 영업개시를 한 지 얼마 안 되는 방이 종종 헐값에 나오기도 한다. 입소문이 나고 안정궤도에 오르면, 방값은 얼마든지 올려 받을 수 있으니까. 욕조까지 있는 방 두 개 아파트를 찾아냈다. 화장실이 두 개인 것도 확인했다. 그래서 가격은? 두구두구두구 짠, 1박에 고작 4만 원이다. 40만 원이 아니고? 다시 확인했다. 1박에 4만 원 맞다. 죽으라는 법은 없구나. 초대형 공동묘지가 창밖으로 버섯 군락처럼 펼쳐져도 상관 없다. 4만 원이면 공동묘지 입주하신 어르신들이랑 친구 먹고, 장롱 안 거미집도 무조건 웰컴이다. 귀신 나올 것 같은 흉가여도 큰절 올리고 자다마다. 방이 별로라면 차라리 땅 형에게 욕먹고 말겠다. 아버지도 욕 실컷 하세요. 언제는 욕 안 하셨나요? 욕 배불리 먹고, 활명수 한 병 따겠습니다.

2

아버지이이이! 말이 안 통하면, 몇 마디만 하고 마셔야죠. 어머님은 잘 계시고? 살이 좀 빠졌네. 그동안 잘 지냈어? 어머님 계시는 곳은 멀어? 직접 찾아뵐 수 있을까? 고향까지 몇 시간 걸린다고? 가고 싶어, 땅이네 집, 아들은 열심히 통역을 하고, 착한 땅 형님은 일일이 답을 한다. 교통사고가 이래서 나는 거예요. 두 시간도 못 자고 온 사람, 운전까지 하는데 그만 좀 괴롭히세요. 조금만 지쳐 주세요. 무슨 힘이 그리도 넘치시나요?

20분 만에 아파트에 도착했다. 태국 사람들은 콘도라고 부른다. 콘도미니엄의 준말이다. 우편함에 있는 열쇠 꾸러미와 키 카드를 찾아낸다. 키 카드로 건물 입구 문을 연다. 작지만 깨끗한 아파트다. 1박 6만 원 정도의 로비다. 치앙마이 야시장에서 가까우니, 위치까지 완벽하다. 국적 불명의 변기 냄새가 훅 들어오는 방일까? 창문을 열면 풍경은 없고, 옆 건물의 흉측한 외벽이 가로막고 있는 건 아닐까?

괜찮은 방은 한 달 전에 동이 난다. 치앙마이의 1월은 성수기다. 전날 결정하고, 결제한 방이다. 완벽한 방은 내가 예약할 수 있는 방이 아니다. 화장실 두 개, 4만 원. 허겁지겁 결제했다. 후기도 안 봤다. 곰팡내 방이라도 열심히 사랑하겠다. 세상을 바꿀 능력이 없으면 나를 바꾸면 된다. 무덤 같은 방에서 잘 마음의 준비를 마쳤다. 어머니, 아버지, 땅 형님도 결국 적응하게 될 것이다. 인간은 적응하라고, 인간인 것이다.

8층 건물의 7층 방이다. 열쇠로 문을 열고, 키 카드를 꽂는다. 불이 켜진다. 주방 겸 응접실은 작다. 원룸에 어울리는 크기다. 그럼 그렇지. 아주, 약간 실망한다. 악취는 없다. 그거면 됐다.

일단 오른쪽 방부터. 큼직한 침대, 욕조, 발코니. 발코니 밖으로는 태국 특유의 낮은 집들과 아기자기하게 삐져나온 녹지들이 섞여 있다. 끝내주는 전망이 아닐 뿐이지, 커피 한 잔 들고 책 몇 페이지 넘기고픈 풍경이다. 한쪽 벽에는 벽걸이형 TV까지 있다. 가만, 거실에도 분명 TV가 있었다. 전자레인지, 토스트기 등등 필요한 주방 기기들도 갖추고 있다.

뭐지? 집주인이 미친 건가? 4만 원에 두 개의 벽걸이 TV라니. 어머니는 이제 매일 반신욕을 하실 수 있게 됐다. 왼쪽 방은 더 작겠지? 어라? 방 크기가 같다. 침대가, 침대가 더, 더 크다. 엄청난 크기다. 성인 남자 둘이 아무리 뒹굴어도 팔꿈치 하나 닿을 수 없다.

- 10만 원은 줬겠구먼.

내가 얼마나 대단한 방을 찾아냈는지, 아버지의 입을 통해 증명됐다. 두 번째 방에도 벽걸이 TV가 늠름하게 매달려 있었다. 4만 원에 세 대의 벽걸이 TV, 한 개의 욕조, 두 개의 화장실, 여성용 화장대, 야시장이 코앞.

- 11만 원 줬어요.

이렇게 말하고, 나는 땅 형님을, 아버지를, 어머니를 한 번씩 봤다.

- 그럴 줄 알았다. 그렇게 돈을 펑펑 쓰면 어쩌냐? 방은 좋다.

11만 원 방을 잡은 아들이 됐다. 아버지, 오늘은 한식을 먹어요. 7만 원어치 거짓말을 했으니, 7만 원어치 먹자고요. 김치찌개, 청국장, 삼겹살 드시고 싶은 거 다 주문하셔요.

그런데 아버지, 왜 식당에서 또 목소리를 높이시나요?

24

사장 나오라고 해, 당장!

갑질 대마왕 아버지도 땅 형님 앞에선 고분고분 양이 되신다.

- 아버지, 물이 공짜가 아닌 나라가 더 많아요.

물을 왜 사 마셔야 하냐며 아버지는 다시 헐크로 돌변하셨다. 병에 담긴 물이 공짜인 나라는 없다. 정수된 물은 주는 곳도 있고, 안 주는 곳도 있다. 괜찮은 식당일수록 물 인심이 야박하다. 미네랄워터라고 메뉴판에 적힌 물을 주문해야 한다. 우리나라는 전 세계에서 물 인심이 가장 후한 나라다. 코웨이, 청호 나이스 정수기 덕분이다.

- 왜, 여기 물은 공짜가 아니냐?

마당이란 한식집이었다. 지난번 먹었던 마당2는 공짜로 물을 줬다. 원조집이 물 가지고 장난을 쳐? 아버지의 분노는 은근 설득력이 있다.

- 이리 좀 와 보쇼. 여기는 왜 물이 공짜가 아니요? 저번에 먹은 곳은 공짜였소.
- 아, 아버지. 그 사람 한국 사람 아니에요.
- 한국 사람이 사장인데, 일하는 사람이 태국 사람인 걸 내가 알게 뭐야?

국물 떡볶이, 고등어구이, 된장찌개, 모둠전을 시켰다. 잔칫날 같은 밥상이다. 잔칫날 밥상 뒤엎는 게 더 재미난 사람도 세상엔 존재한다.

아버지에 대한 실망과 분노도 지쳐간다. 아버지는 도대체 어떤 사람인 걸까? 이번 여행으로 분석한 아버지는

첫 번째, 상식이 무너지는 걸 두려워하신다. 그 상식은 아버지의 상식일 뿐. 세상이 아버지 상식대로 움직여야 한다.

두 번째, 논리와 분석이 독특하시다. 모름지기 한식당이라면 누구든 한국말을 할 줄 알아야 한다. 외국에 있는 식당이라고 예외일 수는 없다. 한국 식당에서 일하려면 능통한 한국어는 기본. 식당 월급이 얼마나 되는지는 관심 없고, 동시통역사 수준의 언어 능력은 주문받는 이들의 기본 소양이다. 아버지 같은 손님만 있다면 전 세계 중국집, 일식집 종사자들은 우울증과 공황장애로 고통받게 될 것이다.

세 번째, 어떤 손해든 발끈해야 한다. 바보 천치들이나 손해 보고 참는 것이다. 물 따위를 사 마시게 되는 것이다.

매일 새로운 아버지를 만난다. 몰랐다. TV 뉴스를 시청할 때, 드라마를 볼 때 우리는 전혀 다른 방식으로 해석하며 살았던 것이다. 한 집에서 평생을 함께 살았지만, 내 주변 어떤 인물보다 신선하다. 그리고, 솔직히 좀 창피하다.

아버지. 왜 그러세요? 목소리를 꾹꾹 눌러가며, 아버지를 달랜다. 솔직히 아버지가 누군가에게 망신을 당하는 모습을 보고 싶다. 예를 들면, 아버지가 어려워하는 큰아버지가 등장해서는, 너는 왜 어릴 때나, 지금이나 망나니처럼 설치냐? 쩌렁쩌렁 모욕당하시는 모습을 보고 싶다. 상상이지만 짜릿하다. 이런 짜릿함 역시 일종의 정신병이다. 정상적인 즐거움만 좇고 싶다. 지금 내게 정상적인 마음가짐은 사치다. 아득하기만 하다. 아버지도 나처럼 글을 업으로 삼으셨다면, 아들놈의 무례함, 잘난 척, 지적질에 대해 길게 길게 써 내려가셨을 것이다. 일방적으로 아버지만 매도당하는 참 불공정한 글이다. 아버지에겐 이 여행이 감옥일까? 견딜 수 없는 폐소공포증으로 답답하신 걸까? 아버지의 자유는, 여행으로 쪼그라들고 있는 걸까? 아버지의 도발은 난감하고, 일방적이다. 여전히 아버지가 기쁨에 겨워하는 장면을 그린다. 나는 그런 장면을 꼭 보고 싶다.

가능할 것이다. 여행의 힘을 믿는다. 아니, 땅 형님의 활약을 믿는다.

25

오늘 같은 날을 위해 20일을 기다렸다

도이수텝에서 바라보는 치앙마이 야경

1

사원, 오렌지색 승복, 박물관, 일출, 일몰, 소수 민족, 툭툭.

콧방귀도 안 뀌신다.

한국 사람인가? 아닌가? 와 현대 자동차다. 와 LG 에어컨이다. 공짜냐? 아니냐? 아기, 음식 가격, 교통비, 처음 보는 사람의 나이와 결혼 여부, 좀 괜찮아 보이는 아파트의 월세.

큰 관심을 보이신다. 어머니, 아버지가 같다.

2

도이수텝이 과연 먹힐까?

차로 운전해서 20분. 구불구불 오르막을 한참 오른 곳에 치앙마이에서 가장 화려한 불교 사원이 있다. 치앙마이에서 거길 안 갔어요? 이런 공격에 부모님이 무방비로 노출되게 할 순 없다. 어머니가 한쪽 다리를 절뚝이신다. 아버지도 말수가 부쩍 줄어드셨다. 새벽 다섯 시에 일어나서 빠이에서 치앙마이로, 치앙마이 버스 터미널에서 공항으로, 공항에서 렌트카를 빌려 새로운 숙소로, 숙소에서 한식당, 한식당에서 다시 숙소, 잠깐의 휴식, 그리고 도이수텝. 경사도, 커브도 만만치 않은 길이다. 스무 살 체력으로 나를 기죽이시던 어머니와 아버지가 뒷자리에서 꾸벅꾸벅 조신다. 피곤해요? 숙소로 돌아가실래요? 이렇게 물을 때마다 깜짝 놀라신다. 아니다. 괜찮다. 벽걸이 TV와 널찍한 침대의 방도 소용없다. 밖이어야 한다. 땅 형님과 함께 하나라도 더 보셔야 한다.

- 계단으로 가지 말고, 엘리베이터를 탈까?

예전에 도이수텝 사원에 온 적이 있다. 그때도 땅 형님과 함께였는데, 엘리베이터가 있는지조차 몰랐다. 어머니가 이 계단을 끝까지 오르실 수 있을까? 끝도 안 보이는 계단이다. 땅 형님이 재빨리 도이수텝과 연결된 엘리베이터 티켓을 끊는다 (입장권과 엘리베이터 티켓을 한 번에 끊었다). 어머니가 절뚝거리실 때, 이를 어쩌지? 고민만 했다. 땅 형님은 숙소에서 나올 때부터 조금씩 느려지시는 어머니의 걸음을 판독한다. 배려의 능력이 희귀할 정도로 탁월하다. 수학, 물리학, 바둑, 암기력 등으로 천재를 가늠한다. 타인의 처지를 자신의 처지로 여기는 능력은, 아무도 천재와 연결 짓지 않는다. 나는 땅 형님이 천재라고 생각한다. 가장 따뜻한 천재.

엘리베이터에서 내리자마자 땅 형님은 어머니, 아버지 화장실부터 챙긴다. 아기처럼 어려진 어머니, 아버지는 신중하게 소변을 배출하신다. 한결 쾌적해진 걸음으로 한 걸음, 한 걸음. 콧방귀도 안 뀌실 게 뻔한 사원 중 하나에 발을 내딛으신다. 나는 사실 매일 피곤하다. 하루를 어떻게 끝마치나? 아침이면 한숨부터 나온다. 내가 책임져야 할 두 명의 생명체가 부담스럽다. 나를 낳아주신 고마운 존재지만, 늘 고맙지만은 않다. 자발적인 사랑이 아니라 의무감에 가깝다.

이번이 마지막이다.

마지막을 강조하면, 한결 편안해진다. 잘해보고 싶어진다. 사형수의 마지막 날처럼 살라. 말이 쉽지, 누구도 그렇게 살지 못한다. 치열하게 지혜로운 사람은 천 명의 한 명, 만 명의 한 명이다. 다리를 저시는 어머니, 하루의 절반을 투덜대시는 아버지, 어머니의 한쪽 팔을 잡고 같은 보폭으로 걷는 남의 집 아들. 이 무슨 해괴한 조합일까? 인연이란 게 정말 있나? 우연의 남발로 이렇게 넷이 밤의 사원을 걷는다. 이렇게라도 걸을 수 있는 날이, 이렇게라도 볼 수 있는 날이 매일 줄어들고 있다. 그걸 아는 사람이 되어서, 어머니의 뒷모습을 본다.

― 여기는 보기가 좋구먼. 자, 사진 좀 찍어봐라.
― 세상에, 세상에 뭐가 이리 화려하니?

도이수텝이 정말 좋던가요? 누가 묻는다면, 답을 하기 쉽지 않다. 유럽의 성당이 예쁜 사람이 있고, 두세 개 보면 그게 그거라는 사람도 있다. 태국에서 사원 몇 개 보고 나면 심드렁해지는 사람이 있겠고, 불상 하나하나의 차이에 감동하는 사람도 분명 존재한다. 도이수텝 사원은 늦은 오후에 와서 해가 완전히 질 때까지 머물기를 추천한다. 거대한 황금 사리탑이 어둠을 뚫고 반짝이는 모습, 바람의 방향에 따라 신비롭게 울려 퍼지는 풍경 소리, 날씨가 도와준다면 치앙마이의 화려한 야경까지 한번에 빨아들일 수 있다.

운이 좋아도 너무 좋은 어머니, 아버지는 도리질을 하시다가, 고개를 위로 꺾었다가, 아래로 꺾었다가, 입을 벌리시고, 가까이서 보시고, 멀리서도 보시고 한다. 치앙마이의 야경에 압도되어 말을 잇지 못하신다.

아기가 세상에 처음 반응하는 모습과 정확히 일치한다. 늙어가는 몸은, 그대로 늙어간다. 껍질과 따로 노는 마음은, 언제든 아기일 수 있다. 처음을 탐색하던 의심 많은 아기의 눈빛이 몸을 뚫고 나온다. 나는 이런 광경을 보기 위해 20일을 기다렸다. 온갖 수식어로 이 순간을 과장하고 싶다. 과장도, 어떤 과장도 이 뭉클함을 대체할 수 없을 것이다. 늙음은 자비가 없어 몸 안의 수분을 쪽쪽 빨아들인다. 뼈에 붙은 피부가 힘겹게 움직이고, 눈동자도, 혀도 아픈 소처럼 느리기만 하다. 그 느린 속도로 풍경을 음미하신다. 사방의 소리를 들으신다. 여기는 어디지? 누가 내 곁에 있지? 아들을 보고, 땅 형님을 보신다.

　매일매일 부족한 잠, 먹고 살기 위해 써야 하는 글. 군대 시절이 괴로운가? 지금이 괴로운가? 단연코 지금이 훨씬 괴롭다. 부모님과의 여행이 끝나는 날 만세를 부르며 손을 흔들 것이다. 어머니, 아버지는 한국으로 돌아가시고, 나는 치앙마이에 남게 된다. 우리는 너무 잘하려고 애쓴다. 엄마 친구 아들 중엔 꼭 대단한 효자가 한 명씩 있다. 비교되고 위축된다. 1등부터 꼴찌까지, 한 교실에서 눈에 들어오지도 않는 수학 공식을 풀라고 강요받았다. 1등 엄마만 자부심을 느낄 수 있었다. 나머지는 정말 나머지였다. 왜 너는 1등을 못 하니? 엄마들의 한숨은 아이들을 죄인으로 만들었다. 그때 1등이 지금 1등이 아닌데도, 그 시절은 성적이 전부였다. 나는 1등 효자가 될 수 없다. 그럴 마음도 없다. 할 수 있는 만큼만 하겠다. 피곤하면 피곤한 대로 나를 돌보겠다. 가엾게 여기겠다. 곧 끝이다. 끝나는 날, 꿀같은 방학을 나에게 주겠다. 어머니, 아버지! 매정한 아들에게 빼먹을 수 있는 건 최대한 빼먹으시지요. 더 보고 싶다 보채셔요. 이것도 먹고 싶고, 저것도 먹고 싶다 조르셔요. 아들은 기운이 빠져갑니다. 이 여행이 끝나기만 기다리고 있는 불효자에게 제발 힘을 주셔요.

26

내가 쏜 화살이 명중!
어머니, 아버지는
말을 잇지 못하셨다

자이언트 치앙마이(The Giant Chiangmai Thailand)

자이언트 치앙마이(The Giant Chiangmai Thailand)

어머니, 아버지는 어디를 가는지 모르신다. 나는 안다. 땅 형님도 안다. 나무 카페 '자이언트 치앙마이'로 간다. 아무나 갈 수 없다. 차가 있어야만, 반나절을 써야만 다녀올 수 있다. 마지막 15분 길은 가파르기까지 해서, 전문가의 손을 빌려야 한다. 트럭버스 썽태우가 대기하고 있는 곳에 차를 세우고, 트럭버스 썽태우로 갈아탄다(혹 가고자 하는 이들은, 차비가 추가로 들더라도 썽태우를 이용하기를 추천한다). 어머니, 아버지는 썽태우 쇠막대 손잡이를 꼭 쥐신다. 차가 흔들릴 때마다, 손에 힘이 들어간다. 바람이 들어온다. 덜컹거리는 차에서 아버지는 차양막을 내리려고 안간힘을 쓰신다. 콜록콜록. 찬 바람이 아버지의 기관지를 성가시게 한다.

- 아니, 그러니까 겉옷을 챙기시라고 했잖아요.
- 추워서 그러간디?
- 아버지, 손잡이를 꼭 쥐고 계셔야죠. 사고 나요.
- 아니, 이, 이게 뭐야? 여보, 이게 다 뭐다요?

위태로워 보이는 썽태우 뒷칸에서 어머니는 밀림에 압도되신다. 차양막을 치려던 아버지의 손도 멈춘다. 뚱뚱한 나무들이 가파른 산길을 휘덮고 있다. 널찍한 이파리들이 이불처럼, 옷감처럼 펄럭인다. 거대하지만, 푸르고 건강해서, 아무런 위협도 느껴지지 않는다. 내가 평가한 어머니, 아버지는 바위 같은 여행자다. 쉽게 반응하지 않는 까탈스러운 여행자, 선택적으로 반응하는 그 황금의 안테나가 흔들린다.

- 이런 곳도 다 있네!

어머니, 아직 시작도 안 했답니다.

- 보기 좋구먼. 아주 잘 자랐구먼.

아버지가 나무를 보신다. 자연에 감탄하신다. 몸이 튕겨지는 위협이 사사로워지고, 자연이라는 흔한 단어가 의미로 부풀어 오른다. 떨리는 손으로 스마트폰을 켜신다. 한 컷이라도 찍고 싶다. 사진이 없으면 아무도 안 믿어 줄 거야. 꼭 찍어야 한다.

- 아버지 사진은 제가 찍을게요. 손잡이 좀 꼭 잡고 계시라고요. 제발!

썽태우에서 내린 어머니와 아버지는 흔들리는 구름다리를 만난다. 구름다리는 양팔을 활짝 벌리고 있는 가지들과 연결되어 있다. 나무다. 나무가 맞다. 올라오면서 봤던 나무들이 한순간에 난쟁이가 되는 나무다. 세상 모든 나무의 정수리를 볼 수 있는 거인 나무가 겨드랑이를 한

껏 벌리고 어머니와, 아버지를 맞이한다. 전체를 볼 수 없다. 부분, 나무의 윗부분만 간신히 눈에 들어온다. 늘 땅에서, 나무의 꼭대기를 상상했다. 이곳에선 땅을 상상하고, 뿌리와 연결된 나무의 아래쪽을 짐작해야 한다. 구름다리를 건너면 테이블들이 나온다. 나무의 겨드랑이쯤에 마룻바닥을 만들고 테이블을 놓았다. 가장 좋은 자리에 있던 손님들이 일어선다. 우리의 자리가 된다. 이제 우리가 왕이다. 세상의 모든 초록이 우리에게 바짝 엎드려서 환영의 군무를 잠시 멈춘다. 가지들이 천장이 되고, 벽이 되는 곳에서 커피를 마신다. 새소리를 듣는다. 케이크를 자른다.

거짓말, 거짓말인데 눈앞에 있다.

- 아들아, 뭐 하냐? 빨리빨리 좀 찍어라. 하나도 놓치지 말고.

전부인 줄 알았던 세상이, 일부였다. 어머니와 아버지는 깨달음의 과정을 겪고 계신다. 행복을 감지하는 안테나가 기지개를 켠다. 황금의 안테나들이 공작새처럼 활짝 펼쳐져서는, 태양을, 바람을, 원숭이의 비명을 감지한다. 참으로 어이없는 감정이다. 이 충격은 잘게 썰려서, 오래오래 씹히고, 뇌에 저장될 것이다. 당장은 도무지 정리할 수 없는 감동이다. 용을 닮은 황홀이, 어머니와 아버지를 칭칭 감는다. 내가 쏜 화살이 또 한 번 명중했다. 가장 큰 상은 내 것이 되었다.

27

치앙마이가
교통지옥이 되다니!

꽃들이 만발한 식당 갈래(Galae)

믿을 수가 없다. 치앙마이에서 차가 다 막히다니. 마야 쇼핑몰 쪽은 아예 차가 움직일 생각을 안 한다. 세계에서 제일 교통 체증이 심하다는 방콕보다 더하잖아. 인구 16만 도시의 당연한 한적함이 사라졌다. 주말 시장은 압사도 각오해야 한다. 10년 사이에 외국인이 치앙마이로만 온 건가? 좁아터진 인도, 신호등이 없어 무단횡단을 해야 하는 해자(구시가지의 수로) 주변, 숨이 막힐 정도로 혼잡하다.

갈래(Galae)

어머니, 아버지는 계속해서 혼란스러우셔야 하며, 이런 날이 다시는 오지 않을 것 같아 벌벌 떠셔야 한다. 즐거움이 끝도 없이 이어져야 한다는 얘기다. 그래서 갈래 식당은 깜짝 놀랄 만큼 아름다워야 한다. 어머니, 아버지에게 좋은 순간만 드리고 싶다. 조급하기만 하다. 내 아이에게 최고의 이유식만 먹이고 싶은 부모 마음이 이런 걸까? 혼자 힘으로는 비행기도 겨우겨우 타는 70대 노인들이다. 여행사 투어로 가면, 무조건 감지덕지해야 한다. 가이드가 짜증이라도 내면 벌벌 떨면서, 고분고분해져야 하는 천하의 약자다. 젊은이들은 쉽게 찾아내는 맛집도 엄두를 못 내는 나이, 나로 인해 불가능한 세상이 조금씩 열리고 있다. 뒤꿈치 쪽이 띵띵 부었다. 벌레에 물렸는데 부풀어 오르더니, 열 기운이 좀 있다. 곧 종기가 되고, 고름이 나올 것이다. 책임져야 할 사람이 있다. 종기 '따위'다. 아플 수도 없는 몸이 됐다. 나의 일상은 없다. 매일 하던

명상도, 운동도 없다. 내가 먹고 싶은 음식도 없다. 아니, 먹고 싶지도 않다. 자냐? 아침 여섯 시 반이면 카톡으로 문자가 울린다. 일찍 일어난 어머니, 아버지는 참다, 참다 문자 메시지를 보내신 거다. 그 시간이 여섯 시 반. 나는 득달같이 일어나서, 어머니, 아버지 방으로 간다. 함께 산책할 시간이다.

숙소에서 100미터만 벗어나도 안절부절 숙소를 돌아보신다. 아들이 있어서 얼마나 다행인가? 말본새도, 으스대는 꼴도 못마땅하지만, 아들과 있어 무서울 게 없다. 숨이 막힐 때가 있다. 두 분만 한두 시간이라도 나갔다 오시면 좋으련만, 방에서 유튜브만 보신다. 나갈까요? 이 말만 목이 빠지게 기다리신다.

애초에 한 달 살기는 이런 게 아니었다. 단골집 몇 곳을 알아서 가시고, 알아서 음식도 사드시고, 집에 돌아와서 자랑도 하시고. 재밌으셨어요? 내일은 이리로 가보세요. 숙제를 내주듯 어딘가를 추천해주는 '한 달 살기'를 상상했다. 우리끼리는 죽어도 못 가겠다. 이렇게 잡아떼실 줄 몰랐다. 새로운 가게나 음식에 눈길 한번 안 주실 줄 몰랐다. 무조건 아들과 함께여야 한다. 예상대로 흘러가지 않을 것도 알았다. 예상대로 흘러간 여행은 지금까지 단 한 번도 없었으니까. 내가 생각하는 한 달 살기는 다음 여행, 다다음 여행에서 가능해질 것이다. 내일 당장 죽을 수도 있다. 하지만 100세, 120세까지 살 수도 있다. 죽는 사람은 아무것도 아닌 걸로도 죽어 나가지만, 산 사람은 어이없이 오래 살기도 한다. 100세가 넘은 어머니, 아버지를 모시고 '한 달 살기' 할 날도 대비해 둬야 한다.

포기할까?

차가 너무 막힌다. 이미 거대한 나무에서 기분 좋게 차를 마셨다. 즐거움도 힘 조절이 필요하다. 내일로 미룰까? 땅 형님 차가 있을 때 열심히 다녀야 한다. 포기가 쉽지 않다.

- 다 와 가요. 다 와 가요.

오후 두 시. 아무거나 먹자. 아버지는 이미 언짢아지셨다. 아뇨. 아무도 포기할 권리가 없으십니다. 내가 그러지 않을 거니까요. 수집하듯, 어머니, 아버지의 행복한 표정을 모으고 싶다. 갈래는 꽃으로 만발한 식당이다. 꽃에 파묻히는 기쁨의 충격을 꼭 받으셔야 한다.

- 진짜 거의 다 왔어요.

거짓말이다. 아직도 10분 이상 남았다. 나만 다리를 떤다. 이렇게 차가 막힐 줄이야. 치앙마이는 살 곳이 못 된다. 그런데 또 왜 이리 갈 곳이 많을까? 끝까지 저주할 수 없도록, 무언가가 자꾸만 등장한다. 갈래가 그런 곳 중 하나다.

28

내가 네 친구냐?
감히 아비 말을 끊어?

꽃잎 만발한 식당 '갈래'는 포토존 천지다

- 내가 언제 사진 찍겠다고 그랬냐? 어? 어?

　식당에 앉기도 전에 아버지는 식욕을 잃으셨다. 아비 말이 말 같지 않은 아들놈과 겸상하기 싫으시다. 주차할 곳이 없어서 한참을 돌아야 했다. 넓은 주차 공간이 차로 빽빽하다. 인구 16만 도시에 이런 거대한 식당을 채울 손님이 있다니, 치앙마이는 불가사의한 도시다. 어찌어찌 주차를 했고, 꽃이 만발한 식당 갈래(Galae Restaurant)에 도착했다. 어쨌든 왔다. 기뻐해야 마땅하다. 어머니는 식당이고 뭐고 화장실이 급하시다. 이왕이면 좋은 자리에 앉고 싶다. 마음이 급해진다. 꽃 언덕이 여기서 저기서 만발이다. 저수지는 어찌 저리 푸르고 반듯한지, 작정하고 만든 천국이 식당일 뿐이라서 더 어이가 없다. 냉기를 분사하는 에어 포그가 사방에서 하얀 입김을 내뿜고 있는, 첨단 기술까지 동원된 천국이다. 100개는 족히 넘는 식탁들이 손님으로 꽉 차 있다. 사람, 사람들, 꽃, 꽃들, 이 정신없음이 반갑다. 예상대로 어머니, 아버지는 어안이 벙벙하시다. 드디어 어머니가 화장실에서 나오신다. 어서요. 빨리요. 빨리 앉자고요.

- 여보, 이리 좀 와 봐. 여기가 말이야.
- 아버지 우선 좀 앉자고요. 사진은 이따가 제가 찍어 드릴게요.
- 내가 언제 사진 찍겠다고 그랬냐? 어? 어?

　일단 자리에 앉긴 했지만, 아들놈이 괘씸하기만 하다.

- 여기가 율동 공원이랑 비슷한데, 율동 공원보다는 작아. 그 말을 하려고 했다. 아비 말을 끊어? 버르장머리하고는….

아버지의 말씀을 마저 듣고 나니, 더욱 시시하다. 차라리 사진을 찍고 싶다 하셨다면, 나의 관심을 더 끌었을 텐데. 분당 율동 공원과 비슷하다. 아버지가 작심하고 내놓으신 화제였다. 어머니를 꼭 불러서 해야 할 말씀이었다. 누구든 나이를 먹을수록, 아이에 가까워진다. 그런데 아이처럼 예쁘지 않다. 웃어도 자지러지는 관객이 없다. 그래서 늙음은 쓸쓸하고, 마냥 불리하다. 싹퉁머리 없는, 불효자 박민우는 24시간 어머니, 아버지 똥 기저귀 갈아줄 자신이 없어서, 이 여행을 계획했다. 당신들의 뇌가 더 망가지시기 전에 자극을 주고 싶었다. 당혹스럽고, 놀라운 상황에 아버지와, 어머니를 던져두는 것 최고의 치매 예방 주사라고 생각했다.

나의 늙음을 예상해 본다. 나를 보살펴 줄 누군가는 없을 확률이 높다. 혹시 있다고 상상하자. 그 존재가 나보다 젊은데다가, 지적질 대마왕이라면 눈엣가시, 꼴도 보기 싫을 것 같다. 나는 아버지에게 얼마나 얄미운 존재인지 알아야 한다. 입바른 소리야말로 얼마나 쉬운가? 아버지는 모든 출구가 봉쇄된 채, 아들이 하라는 대로 해야 한다. 아들이 통역한 세상을 전적으로 믿고, 의지해야 한다. 할 말은 많지만, 대부분 속으로 삼킬 수밖에 없다. 어떻게든 존재를 드러내고픈 몸부림을 아들은 번

번이 제지한다.

　– 아버지, 이 새우튀김은 텃만꿍이라고 해요. 새우살만 다 긁어서 튀겼어요. 얼마나 귀한 요리인지 아시겠죠? 조선 시대 임금도 이런 요리는 못 먹어 봤을 거예요.

　아이에게 당근을 먹이려면 농장에서 당근을 뽑게 하듯, 요리에 이야기가 추가되면 거부감은 그만큼 줄어든다. 화를 내기 위해 이곳에 온 사람은 없다. 아버지도 마찬가지다. 만발한 꽃들은 참 붉어서, 아내의 립스틱 색깔도 흐릿해 보일 정도다. 이런 꽃 천지에서, 태국의 산해진미가 끝없이 나온다.

　알겠다. 알겠다. 네 놈이 어쭙잖게 아버지를 달래는 걸 모를까 봐? 알면서도 속아주겠다. 튀긴 음식은 다 느끼하다만, 새우살만 으깼다니까 한 번은 먹겠다. 그래, 먹을만하다. 헛구역질은 안 나는구나. 부모 생각하는 마음도 안다. 모르는 척할 뿐. 잘 먹겠다, 아들아. 나는 이렇게 화려한 세상을 몰랐다. 모든 게 처음이라, 서툴 뿐이다. 다음에 오면, 감동하는 법도 더 쉽겠지. 너나 나나 연습을 하고 있다. 연습하는 시간이 가장 재밌고, 조금은 더 어려운 법. 서툴러서 더 재미난 시간 아니겠느냐? 모르는 척한다고, 모르는 게 아니란다. 알겠냐? 아들 녀석아!

29

피가 마르는 30분,
어머니
제발 전화 좀 받으세요

치앙마이 프라삿 사원(Wat prasat) 담벼락

- 진짜 아침 드시러 안 나가실 거예요?

- 우린 바나나 먹을래. 먹고, 와!

- 제가 카톡하면 문 열어주셔야 해요. 진동 아니죠?

- 진동 아니야.

- 확인하셨죠?

- 확인했다니까.

카드키가 꽂혀 있어야 전기를 쓸 수 있다. 내가 카드키를 가지고 나가면, 어머니, 아버지는 아무것도 못 하신다. 이놈의 아파트는 왜 카드키가 하나뿐인 거야? 처음 묵었던 숙소도 그랬다. 키 꽂는 곳에 신용카드를 꽂았더니 전기가 돌아갔다. 충전할 것들이 많아서, 외출 중에도 전기가 꼭 필요했다. 이번 숙소는 신용카드도 안 된다. 그러니 어머니가 1층까지 내려와서 문을 열어주셔야 한다. 아버지, 어머니는 아침 식사로 세븐 일레븐 두유에 바나나를 택하셨다. 땅 형님과 나만 숙소 앞에서 쌀국수를 먹는다. 땅 형님이 방콕으로 돌아가는 날이다. 이젠 나 혼자 어머니, 아버지를 책임져야 한다. 도망가고 싶다. 방콕 가는 형님이 그렇게 부러울 수가 없다.

- 왜? 어머니가 전화 안 받으셔?

카톡 음성통화로 열 번이나 걸었다. 안 받으신다. 아버지 핸드폰도

불통이다. 오전 여섯 시를 약간 넘은 시간. 드나드는 사람도 없다. 아무도 없어요? 소리를 지른다. 태국에선 소리를 지르는 건 큰 무례다. 어쩌겠는가? 내가 무례해야 땅 형님이 비행기를 놓치지 않는 것을. 강화 유리문을 쿵쿵쿵 두드린다. 아무도 없어요? 아무도 없나요? 혹시 어머니, 아버지에게 무슨 일이라도 생긴 걸까? 침착하자. 침착하자. 방법이 있을 거야. 방법이 있을 거야. 일단 집주인에게 메시지를 보내 본다. 건물 입구에 적힌 번호로 전화도 걸어 본다. 관리인의 번호일 것이다. 안 받는다. 30분만 더 지체되면 비행기를 놓친다. 괜찮다면서 땅 형님은 입을 닫았다. 땅 형님이 화내는 걸 한 번도 본 적이 없다. 저 정도면 매우 당황한 상태다. 어머니, 제발 전화 좀 받아요. 서른 번째 전화를 시도할 때 누군가가 엘리베이터를 타고 내려온다. 이렇게라도 들어 왔으니 됐다. 아, 살았다. 아, 살았다. 다급한 마음으로 7층 방으로 올라간다. 어머니, 아버지는 평온한 자세로 TV를 보고 계신다.

- 왜, 전화 안 받으시는 거예요?
- 응, 안 왔는데?

어머니 전화기를 확인한다.

- 왜, 인터넷을 꺼놓으셨어요? 와이파이를 달아놓으셨잖아요.
- 그거, 소리 표시 아니었어? 소리가 커서 내가 끈 건데?

아버지는 와이파이 표시가 볼륨 조절 메뉴인 줄 아셨다. 어머니 폰까지 깔끔하게 와이파이를 닫아놓으셨다. 그렇게 아들과의 카톡을 끊은 뒤 평온한 자세로 TV를 보고 계셨다.

- 아니, 너는 나가기 전에 한 번 전화를 해봤어야지. 어미 말만 믿으면 어떻게 해?
- 어머니이이이이이이

형님 저 좀 데려가 줘요. 제발 방콕으로 데려가 줘요. 매일 피가 말라서, 제가 먼저 죽을 것 같아요. 형님, 저 좀 데려가 달라고요오오오오.

30

우리는 대한민국 1% 가족

치앙마이에는 재미난 벽화가 정말 많다

- 숙소를 꼭 옮겨야 하냐? 여기도 괜찮다. 이 동네 집 내놓은 것 많던데….

월세 구하는 집을 말씀하시나? 문 두드리고 재워주시오. 아버지의 머릿속엔 그렇게 쉬운 방이 있다. 모처럼 마음에 드는 방을 옮기기 싫으신 모양이다. 숙소 자체만으로도 여행이다. 일부러 여러 곳을 예약했다. 마지막 숙소로 간다. 당장은 귀찮아도 내 의도를 알아주실 것이다. 아니, 몰라 주셔도 된다. 한국에 돌아가서, 나중에, 아주 나중에 민우가 애 많이 썼네. 그러면서 고스톱을 치실 것이다. 골목이 있으면 아무 곳이나 들어가신다. 어디로 들어가든 길은 하나, 목적지가 나올 거라 생각하신다. 어머니, 아버지의 세상은 일직선의 단순함이다. 누군가와 함께 하는 여행은, 사람 여행이 된다. 장소는 그다음이다. 그래도 가족이니까 인천 소래포구 정도의 친근한 여행일 줄 알았다. 어머니와 아버지는, 아마존이고, 남극이었다.

우리는 걷기로 한다. 택시비에 대한 어머니, 아버지 반발이 너무 심했다. 큰 짐은 땅 형님 차로 이미 옮겨놨다. 땅 형님은 지금쯤 방콕 스타벅스에서 카페 라테를 쪽쪽 빨고 있겠지. 매캐하고, 뿌연 방콕의 매연을 콩콩 맡고 있겠지. 부러워서 돌아버릴 것만 같다. 내가 사랑하는 카페에 숨어서, 분명 지루한데, 순식간에 흐르는 시간에 파묻히고 싶다. 종일 정신없는데, 왜 이리 시간은 안 가는 걸까? 요즘의 하루다. 걸어서 30분 거리다. 두 시간 거리여도, 어머니, 아버지는 걷는다 하셨을 거다. 그런 데에 쓰라고 두 다리가 붙어 있는 거라고 말씀하시겠지. Sale이란 영어 글자만 보면, 눈이 반짝이신다. 알고 있는 몇 안 되는 영어 단어 중 하나다. 아파트 분양 광고였는데 앞 숫자가 100이었다. 100바트이면 4천 원 아니냐? 4천 원에 파는 거냐? Sale은 깎아준다는 뜻만 있는 거 아니고요. 판다는 뜻도 있어요. 저건 한 달씩 갚아야 할 액수고요. 4천 원 아니고, 40만 원이에요. 이리 답하고는 입맛을 다시는 아버지를 본다. 4천 원에 내 집 장만이 가능한 나라가 지구 어디쯤엔 있을 거야. 아버지는 남극이 아니라, 화성이고 목성이다. 아, 나의 아버지.

아버지는 곧 두 손가락으로 코를 잡고, 콧물 발사를 하실 것이다. 나는 흉내도 못 내겠다. 손가락 두 개로 양쪽 콧볼을 누르고 히이잉 말 울음소리를 내신다. 웬만한 곤충은 다 부숴버릴 수 있는, 무시무시한 속도의 콧물이 땅바닥에 내리꽂힐 것이다. 하루 최소 다섯 번, 콧물 발사를 하신다. 어머니는 한쪽 발을 절뚝이며 꽃만 보면 멈추신다. 태국 꽃의 향기에, 큼직한 크기에 번번이 놀라워하신다. 거대한 나무와, 알록달록 과일을 특히 좋아하신다. 멀리서 한국말만 들리면, 아버지는 두 어깨를 움찔하신다. 어떻게든 달려가서 인사라도 나누셔야 한다.

— 민우야, 엄마는 치앙마이가 정말 좋구나.

어머니는 여러 번 내게 말씀하셨다. 아들만 좋으면, 함께 살고 싶으시다. 아들은 못 들은 척한다. 겨울이면 이름 모를 고열로 응급실 신세를 지셔야 했던 어머니는 한국의 추위가 지긋지긋하시다. 치앙마이는 매일매일이 봄이다. 아들만 좋다면, 어머니는 천국에서 여생을 보내고 싶으시다. 아들은 어머니의 소망을 외면한다. 나도 살아야죠. 나의 자유는요? 나의 여행은요? 모든 걸 다 내준 세상 모든 어머니는, 본전의 10%나 건지실까? 춥디추운 한국에서 어머니는 눈을 감으시겠지. 그래도 아들은 어머니의 구애를 모른 척할 수밖에 없다. 내 자유는 포기가 안 된다. 어머니, 아버지를 태국으로 모실 생각도 했다. 이번 여행으로, 시작조차 해서는 안 되는 일임을 알았다.

아버지는 다른 나라에 동화될 능력이 없으시다. 아버지의 탓이 아니다. 노화의 과정이다. 화부터 내고, 듣지 않으신다. 그 증세는 더욱 심해질 것이다. 그래도 긴 여행은 또, 또 할 것이다. 29도의 적당한 땡볕을 걸으며 다음 여행을 다짐한다. 나 자신에게 놀란다. 진저리쳐지는 일들이 반복되는데도, 진저리를 좀 더 쳐볼 수도 있겠다는 생각을 하다니. 치앙마이에 잘 왔다는 생각까지 하고 있다. 더, 더 망가지고, 회복 불능이 되기 전에 아버지와 함께 여행하기를 잘했다. 치매는 남 이야기가 아니다. 깜빡하는 어머니, 고집불통 아버지는 언제든 나를 몰라보실 수 있다. 최후의 순간은 죽음이고, 죽음 전엔 그 어떤 일들도 일어날 수 있다. 최후가 오기 전에 우린 조금 더 놀아봐야 한다. 놀아두어야 한다.

치앙마이의 좁은 길을 70대 부모와 걷고 있다. 적어도 우린 대한민국 99%가 못해본 걸 하고 있다. 원 없이 여행하는 것, 따뜻한 나라에서 함께 머물러 보는 것, 그걸 해내는 중이다. 4천 원을 아끼기 위해 절뚝절뚝 걷기를 마다하지 않는 철의 여인이 나의 어머니다. 아내가 혹시 더 아프지나 않을까 살피는 아버지를 뒀다. 이제 또 새로운 숙소다. 그러니까 새로운 여행이다. 아버지, 어머니는 새롭게 또 나를 골탕 먹이실 것이다. 궁금하기까지 하다. 자, 어머니, 아버지 다음 카드는 무엇입니까? 아들은 골탕 먹을 준비가 되어 있습니다.

31

내 아들은
유명한 여행작가요!
아, 아버지,
확성기 드려요?

어디서나 우거진 녹음과 마주할 수 있는 치앙마이

– 이제, 아버지랑 다시 여행할 일은 없어요. 아시겠어요?

마지막 숙소를 호스텔로 잡은 이유는 부모님께 여행자들을 보여드리고 싶어서였다. 이거야말로 재벌도 해보지 못한 경험이다. 전혀 모르는 이들이 말을 걸고, 다양한 국적의 여행자들이 모자이크처럼 섞인다. 매일 떠나고, 누군가가 온다. 그냥 잠자는 곳이 아니라, 여행자들의 놀이터다. 돈이 많아도, 나이가 너무 많아도 전혀 모르는 세상. 아들은 그런 세상을 보여드리고 싶었다. 그리고 나만의 시간도 간절했다. 부모님은 2인실, 나는 도미토리. 잠이라도 따로 잡시다. 아이고, 같이 자야 너도 편하지. 어머니는 낯선 사람과 자는 아들이 안쓰러우시다. 아이고, 어머니. 제발 저 좀 불편할게요. 한 방에서 돌아가며 새벽 내내 화장실을 들락날락. 어머니는 그게 편하셨어요? 사람들이 들어오건 말건, 스마트폰이나 마음껏 보면서 그냥 불편할게요.

베드인타운(Bed in town)

프라싱 사원(치앙마이에서 가장 유명한 사원 중 하나) 근처 작은 호스텔이다. 2층 입구로 들어가면, 바로 거실 겸 로비다. 벽 하나를 통째로 창으로 뚫어놨다. 창밖으로는 작은 사원이 보인다. 바로크풍 의자와 소파로 채운 거실은 명품 가구 전시장 같다. 2인실 1박에 3만 원, 도미토리는 9천 원. 가격에 비해 사치스러운 거실이다. 이 가격대에 이보다 우아한 호스텔은 없을 것이다. 오후 한 시였는데 입실이 불가하단다. 오후 두 시부터 체크인이니까, 일찍 온 우리 잘못이다. 아버지는 어쩐 일인지 짜증을 안 내신다. 어머니, 아버지가 머물 2인실에서 아담한 아시아계 아가씨 두 명이 짐을 들고 나온다. 위층으로 올라간다. 다시 내려온다. 우리 방을 내주고, 다른 방으로 옮기는 모양이다.

- 여행 왔어요?

아버지 눈이 무서울 정도로 반짝이신다. 대뜸 한국말로 물어보시는 자신감은 어디서 나오신 겁니까?

- 네에.

젠장. 한국 사람 맞다.

- 방을 옮기시나 봐요?

모르겠다. 아버지 말을 잘라야 한다. 내가 끼어들었다.

- 친구가 아파서요. 이 방이 우리한테는 조금 답답하더라고요.

제길, 밝은 방은 아니구나.

 - 우리도 지금 여행하고 있소.

아버지는 아가씨를 놓아줄 마음이 없다.

 - 우리 아들이 유명한 여행작가야. 그래서 이렇게 여행 다니고 있지.

유명하다고? 아들을 무시하고, 늘 딴지를 거시던 아버지가 갑자기 왜 이러시는 걸까? 유명하면 누구라도 먼저 알아봤어야지. 아무도 몰라보는데, 유명한 사람이라니. 참 서글픈 모순이다. 아버지는 쥐새끼를 발견한 굶주린 올빼미다. 집중력은 올빼미 이상이다. 얼마 만에 보는 한국 사람인가? 어떻게든 말을 걸어야겠다. 의지의 날개를 활짝 펴신다. 여러 번 한국인에게 다가가셨다. 대꾸도 없이 등을 돌리던 사람도 많았다. 그래서 아들을 내세우신다. 어떻게든 한국 아가씨와 이야기를 나누고 싶으시다. 아들을 이용해서라도 두 여자를 사로잡고 싶으시다.

 - 이제 아버지랑은 다시 여행 안 와요.

세제를 먹었을 때보다도 훨씬 더 화가 났다. 아들 자랑 좀 한다는데, 뭘 또 그리 광분하기까지? 내 반응이 지나치다는 사람도 분명 있을 것이다. 나는 나 스스로 세계 최고의 글광대라 자부한다. 진즉에 대박이 났다면, 누구도 내 정체를 모르는 신비주의 놀이나 했을 것이다. 박민우 본 적 있어? 박민우가 남자인 건 맞아? 다들 궁금해서 미치고 팔짝 뛰는 꼴을 보고 싶었다. 그런 아들을 아버지가 도매금으로 팔고 계신다.

아버지는 천재다. 결코 노화로 뇌가 망가지지 않았다. 내가 가장 못 견디는 부분을 정확히 알고 계신다. 인테리어 잡지에나 나올 법한 예쁜 숙소고, 게다가 방에 공기 청정기까지 있다는 놀라움도 시들해질 만큼, 아버지의 기습 공격은 정확하고, 훨씬 더 강력했다. 한국인과 말 좀 섞고 싶으신 걸 가지고 왜? 순진한 당신들의 의견에 동의할 수 없다. 내가 길길이 날뛰고, 젊은 한국인 아가씨가 관심을 보이는 지점. 그 지점이 아버지의 정교한 목표지점임을 안다. 올빼미의 사냥은 대성공을 거두었다. 정말이지 당장 숙소를 뛰쳐나가고 싶은 마음뿐이었다.

32

내 아들은 가문의 자랑

치앙마이 대학교 앙깨우 호수

- 그깟 게 뭐라고 돈을 내? 안 본다고. 안 간다고.

어머니, 아버지 말씀을 무시하고 티켓을 끊는다. 치앙마이 대학의 앙깨우 호수를 보려면 1인당 60바트(2400원)를 내야 한다. 어머니, 아버지도 좀 적당히 하세요. 한 시간 넘게 걸어왔잖아요. 2400원 때문에 그냥 돌아가요? 대학교 캠퍼스를 보는데 2400원을 내라니? 내가 더 열 받는다. 앙깨우 호수는 내게 치앙마이 그 자체. 10년 전 자전거를 타고 치앙마이 대학을 돌다가, 우연히 앙깨우 호수를 발견했다. 우연히 마주쳐서 좋았다. 작정하고 왔다면 시시했을 것이다. 의도 없이, 뜬금없이 마주해야 하는 호수다. 자주 호수 주변을 거닐었다. 만만하고, 가까운 산책이었다. 그래서 좋았다. 어머니, 아버지에게도 그런 느낌을 드리고 싶었다. 학교의 규모에 놀라고, 예쁜 캠퍼스에 놀란 후에 오, 이게 연못이냐? 호수냐? 가볍게 감탄하실 수 있도록 동선을 짜 놨다. 웬걸? 우리는 제지를 당한다. 매표소에서 표를 사란다. 무조건 60바트를 내야 한단다. 기다란 카트에 태워져서 캠퍼스를 돈다. 영어와 중국어로 된 안내 방송이 흘러나온다.

중국에서 영화 '로스트 인 타일랜드'가 큰 인기를 끌면서 중국인들의 성지가 됐다고 한다. 부모님은 공짜면 좋고, 공짜여서 더 재미나신 분들이다. 아들이 입장료를 순순히 냈다는 사실에 큰 충격을 받으셨다. 부모님 때문에 태연한 척했지만, 내 상처가 더 컸다. 치앙마이가 좋았던 건, 대단해서가 아니다. 그 잘난 치앙마이 도대체 뭐가 볼만하다는 거냐? 아버지 질문에 왜 말문이 막혔을까? 정말 볼 게 없는 치앙마이니까. 아르헨티나와 브라질을 오가며 이과수폭포와 빙하를 보신 아버지는 웬만한 걸로는 성에 차지도 않으신다. 치앙마이? 어림도 없다. 아무것도 없을 것 같은 후미진 골목에서 벨기에 남자가 와플을 굽고, 영국인이 피시엔칩스를 판다. 삶이 누구보다 피로했던 사람들이 그림을 그리고, 글을 쓴다. 숲에서 빵을 팔고, 숲에 시장이 선다. 치앙마이의 그 따뜻함과 소소함은 말로 설명되지 않는다. 이해시켜드릴 수 없는 부분이다. 오래 머물면서 함께 젖어보는 것, 유일한 방법이다. 그런데 치앙마이 대학이 장사를 하고 있다. 15분 드립니다. 어서 사진 찍고 카트로 돌아오세요. 카트 가이드가 어찌나 보기 싫던지. 이까짓 거에 돈을 왜 내니? 어머니, 아버지의 분노에 이번만큼은 동의할 수밖에 없다. 나의 앙깨우 호수는 이제 없다.

돈에 대한 예민함이 점점 심해지고 있다. 부모님이 가지고 오신 돈은 대략 150만 원. 대충 계산해도 총 400만 원은 깨졌다. 아들 사정을 뻔히 아는데, 돈이 나가는 게 영 거슬리신다.

- 한식 먹어요.
- 아무거나 먹자.
- 6천 원이에요.

'미소네 식당'은 오래전부터 알던 곳이다. 알기만 했다. 160바트에 점심 뷔페를 먹을 수 있다. 평소에 한국인이 많이 가는 곳은 피하는 편이다. 70대의 노인에겐 한식이 절대적이다. 이틀에 한 번, 최소 사흘에 한 번은 한식을 챙겨 드려야 한다. 미소네 식당을 이제야 왔다. 6천 원에 한식 뷔페라니. 사장님께 큰절이라도 올리고 싶다.

- 그런데, 왜 이름이 미소네요? 일본 식당이요? 미소시루도 아니고.
- 제 딸 이름이 미소라서요. 그런 말 종종 듣습니다.

아버지는 다시 먹잇감을 사냥하는 올빼미가 되셨다. 왕이라도 된 듯, 식당 사장을 꾸짖으신다. 하고 많은 이름 중에 미소네가 뭐냐며 따지신다. 남의 식당 이름까지 시비를 거시다니. 진상계의 마동석이 나의 아버지라니! 가족이라고 편들 마음 없다. 아버지가 아니었다면, 상종하고 싶지도 않다. 아버지는 손가락 하나가 없으시다. 공장 절삭기에 손가락이 끼는 사고가 있으셨다. 서울우유 배달이 너무나 싫으신 아버지는 공장을 차리셨다. 부품 공장이었다. 사람 쓰면 다 돈이라, 기계 앞에 직접 앉으셨다. 손가락 하나를 잃으셨고, 공장은 망했다. 빙그레 우유 배달부로 돌아오셨다. 어쨌든 서울 우유는 아니어서, 조금은 해방감을 느끼셨을까? 하얀색 목장갑의 손가락 하나만 힘없이 펄럭댔다. 키 149cm 평균에서 한참 모자라는 키, 태국 시장 어디에도 아버지에게 맞는 옷이 없다. 아동복 매장의 인기 없는 옷들이 아버지의 옷이 된다. 친구들 사이에서 늘 웃기셔야 했다. 목소리가 크고, 말이 많고, 재미있는 사람, 아버지의 역할은 '광대'였다. 무례할 기회가 평생 몇 번 없어서일까? 상처 많은 사람이, 못된 사람이 된다. 세상 모든 못된 사람들은 아프다. 아팠던 사람들이 사람을 아프게 한다.

- TV에 자주 나오시는 분이시죠? 세계 테마 기행에서 제가 제일 좋아하는 출연자예요. 팬입니다. 정말 팬입니다. 오늘 식사대접을 하게 해 주세요. 영광이라 생각하겠습니다. 제가 계산하겠습니다.

마침 아버지는 사장이 공짜 커피를 주는지 안 주는지 따지려 할 참이었다. 순천에서 온 선한 인상의 중년 남자가 나를 알아봤다.

- 아버님, 어머님. 정말 부럽습니다. 이렇게 훌륭한 아드님과 치앙마이를 여행하시다뇨? 정말 부럽습니다.
- 감사합니다. 아이고, 감사합니다.

따져야 할 것들로 콧구멍을 들썩이시던 아버지는 일순간 순한 양이 되신다. 자식 놈 주머니에서 돈이 안 나갔다. 이놈이 뭘 하고 사는지는 모르겠지만, 내가 만든 아들이다. 호남 제일의 양반 가문 반남박씨, 글솜씨만큼은 당대 최고였던 반남박씨. 아버지의 유일한 자부심이다.

아들놈이 혹시 가문의 영광을 이어가고 있는 건가? 학교 국어 선생님이 됐다면. 교수를 했더라면…. 아버지가 생각하는 양반은 그런 직업이다. 세상을 떠도는 한심한 한량이, 자기 앞가림도 못하고, 결혼도 못 하는 모질이가 누군가에겐 대단한 사람일 수도 있다. 커피 안 마셔도, 입가심한 것처럼 상쾌하다. 순천에서 왔다는 이 남자가 내 아들을 좋아하는 이유를 듣는 게 좋다. 너무 좋다. 아들은 축구 결승 골을 넣은 기분이 된다. 세상이 알아서 알아봐 주는 것이 관심종자 박민우의 가장 큰 기쁨이다. 보셨습니까, 아버지? 이게 진짜 유명인인 거죠. 며칠간 아버지는 고분고분해지실 것이다. 그저 신이 나실 것이다. 모두가 부러워하는 여행을 하고 있다. 한 번쯤은 그런 느낌을 받으셨으면 했다. 그런 순간이 치앙마이 '미소네'로 친절히 찾아왔다.

33

참 따뜻한 죽음, 치앙마이의 오후

개인적으로 가장 좋아하는 사진

여행으로 부모님을 홀릴 수 있다는 자신감은 먼지처럼 사라졌다. 아버지는 깨지지 않는 바위고, 어머니는 아들과의 여행이 충분히 만족스러우시다. 호스텔 거실에서 아버지가 우두커니 앉아 계신다. 아버지는 한국인 아가씨 둘을 기다리신다. 말을 섞고 싶으신 것이다. 가슴이 철렁한다. 둘이 방에서 안 나오는 이유가 아버지 때문은 아니겠지? 아닐 것이다. 아버지의 모습은 에버랜드에 납치된 수사자처럼 딱하고, 기괴하다. 젊은 여행자가 머무는 호스텔에 일흔이 넘은 한국인 노인이 앉아 있다. 여행은 해도 그만, 안 해도 그만. 대신 한국말이 고픈 늙은 수사자.

어머니는 빨래가 중요한 일과가 됐다. 그 지루한 노동을 기꺼이 도맡으시고는, 빨래를 개키실 때마다 환한 얼굴이 된다. 베이킹소다에 꿀을 섞어서 마사지를 하시고, 사놓은 과일로 주스를 만드신다. 이틀에 한 번 꼴로 아들이 데려가는 태국 마사지가 그리 좋을 수가 없다. 나는 따지고 싶다. 아버지, 도대체 왜 오셨나요? 마사지도 싫다. 태국 음식도 싫다. 방에서 유튜브만 보실 거면, 왜 오셨나요? 아들은 억울하다. 맞다. 여행 별거 없다. 가끔 놀랍고, 대부분 지루하다. 지루함의 시간을 견뎌야 짜릿한 순간도 온다. 아버지는 24시간 내내 아버지가 원하는 방식으로 시간이 흐르기만을 바라시는 건가요?

시장에서 어머니는 날아다니신다. 과일값이 한국보다 싸다는 이유만으로도 충분히 짜릿하시다. 갈아서 삼시 세끼 주스만 마셔도, 본전 뽑

고도 남는다 생각하신다. 한국에서는 들었다 났다만 했던 망고가 이리 흔하고, 싱싱한 나라라니. 어머니, 아버지는 청춘의 무릎을 갖고 계시다. 친구분들은 하나같이 무릎이 망가지셨다. 어머니 무릎이 상대적으로 약하시긴 한데, 이번 여행 그 누구보다 잘만 걸으셨다. 아들이 택시라도 타자고 할까 봐, 더 씩씩하게 걸으신 거겠지. 아버지는 멋진 사원도 별로, 근사한 카페도 다 돈지랄이다. 맥심 커피 믹스가 세상 제일이다. 아버지는 도대체 언제 흥이 나시는 걸까? 아들에겐 이제 남은 무기가 없다. 다 썼다. 아버지는 여행하면 절대로 안 되는 사람이다. 싸한 냉기는 전적으로 아버지 탓이다. 어머니랑만 왔다면 열대의 날씨가 반갑고, 꽃과 열매가 신기했을 것이다. 이렇게 말수가 형편없이 줄어든 건, 아버지 책임이다. 아니다. 아버지를 더 치열하게 분석하고, 준비하지 못한 아들 탓이다. 이제 땅 형님도 없다. 차도 없다.

사진을 찍을 때 그나마 분위기가 좋다.

찍힌 사진을 보여드리면, 아버지의 눈동자가 잠시 흔들리신다. 사진발 잘 받을 만한 곳을 찾으신다. 행동이 빨라지신다. 여기서 좀 찍어봐라. 여러 장 찍어봐라. 이 정도 사진이면 친구들이 입을 못 다물겠지? 사진이 아버지의 마음을 여는 유일한 패스워드다. 여행이 끝나간다. 호흡이 조금씩 맞는 것도 같다. 국민학교, 중학교, 고등학교. 한 번도 학교에 오신 적이 없으신 아버지. 우유배달로, 가게 일로 늘 바쁘셨다. 운동회 날도 아버지는 학교가 아닌, 집이나 가게에 계셨다. 밤새 부족한 잠을 보충하시거나, 손님 많은 운동회 날 가게를 지키셔야 했다. 아버지가 학교에 오지 않아서 불만이었냐고? 천혀! 아들은 키 작은 우유배달부 아버지를 부끄러워했다. 가슴을 쓸어내렸다. 학교에 오지 못하시는 아버지가 그렇게나 고마울 수가 없었다. 철없는 아들은 마흔아홉이 됐다. 청년의 무릎이신 어머니, 아버지가 자랑스럽다. 이토록 건강한 어머니, 아버지를 뒀다. 이 여행에서 아들은 있는 생색, 없는 생색 내고 있지만, 찬란한 시간임을 안다. 모든 죽은 자들의 무덤과 말 섞고 싶다. 그들의 부러움이, 땅의 진동으로 내 발바닥을 뚫고 전해진다. 인간의 어리석음은 몸뚱이 때문이다. 식욕도, 성욕도 몸뚱이에서 온다. 깨달음을 욕심 내지만 몸뚱이를 가진 이상 어림도 없다. 죽은 자들의 지혜도 탐내 봤자다. 몸뚱이의 일부인 뇌가 그럴 능력이 있어야 말이지. 지혜는 그래서 죽은 자들의 몫이다.

인간은 죽는다.

그나마 지혜로워질 수 있는 유일한 방법은 죽음을 명심하는 것. '늙어간다'가 '죽어간다'다. 모르는 사람은 없다. 실감하는 사람은 소수다. 매일 어머니의 죽음을, 아버지의 죽음을 본다. 물론 나의 죽음도 떠올린다. 죽음을 생각하기에 치앙마이만큼 좋은 곳도 없지 싶다. 꽃잎이 흩날리는 나른한 더위에, 우리는 조금씩 죽고, 발작적으로 잠시 젊어진다.

마른 등껍질의 오늘내일하는 나무지만, 가지 끝에선 샛노란 꽃이 핀다. 그게 우리다. 우리는 봄처럼 밝은 죽음이다.

　　우린 치앙마이에 있다.

34

왜 밥이 이것뿐이냐?

치앙마이 핫플레이스 카페 No.39

- 오늘은 왜 이렇게 밥이 적냐?
- 그러게요. 좀 적네요.
- 그러게요라니? 그러게요라니이?

순간 아버지가 아들로 보였다. 시장에서 사 온 내 몫의 밥 절반을 떼어 드렸다. 드리면서도 설마 드실까 했다. 넙죽 받으시더니, 오물오물 씹으신다. 평소에 양도 많지 않으신 분이다. 절대 두 그릇을 안 드시는 분이다. 허기에 그토록 강하신 분이, 아들이 건넨 밥을 허겁지겁 입에 넣으신다. 한참을 봤다. 아버지는 정말 아이가 되셨다. 반쪽뿐인 내 밥이 넘어가지 않는다.

대치동 학원 원장인 사촌 형이 단역배우 협회(그런 협회가 있다고 한다)에 가입되어 있다. 그 형의 바로 밑 동생은 씨티은행 으뜸 오락부장이다. 웃기는 걸로 누구에게도 질 수 없다. 승부욕으로 똘똘 뭉친 아르헨티나 친형까지, 집안 내력이다. 남 보기 부끄럽게 나서고, 웃기려고만 한다. 냉소적인 말투, 유행에 민감한 센스도 비슷하다. 아버지 역시 동 나이대 누구보다 유쾌한 분이셨다. 모든 화제를 꿰차고, 말싸움에서 절대 지지 않으셨던 분. 그런 아버지가 아기새가 되어서는, 먹이를 더 내놓으라고 빽빽 울어댄다. 남의 일이라면 두 팔 걷어붙이고 나서는 정의의 참견꾼이 맞나 싶다.

총기를 잃으셨다.

　어머니와 다투실 때, 언성을 높이고, 가르치려 드는 사람은 언제나 아버지 쪽이었다. 겨우 그것밖에 못 하냐? 그런 것도 모르냐? 당신네 집안은 왜 이리 형편없냐? 남들 앞에서도 아버지의 지적 우위를 과시하기 위해, 어머니를 무시하셨다. 어머니는 발끈하실 때도 있었지만 대체로 지는 쪽을 택하셨다. 돈에는 악착같으셨지만, 나머지는 무덤덤하셨다. 시댁에 가면 늘 눈물을 훔치셨다. 못 사는 친정 식구들에게 몰래 챙겨줬던 생활비를 속속 들키셨던 것이다. 할머니는 당장 이혼하라며 아버지를 닦달하셨다. 할머니의 노발대발도 이해가 된다. 어머니가 소중한 아들에게 빨대를 꽂는 기생충으로 보이셨을 테니까. 어머니는 명절날이면 기생충 대접을 받으셨다. 울면서 상을 차리고, 파를 다듬고, 마늘을 빻으셨다. 자신이 늘 옳아야 하는 남자가 먼저 아이가 됐다. 눈치 없는 구박덩어리 어머니는 여전히 반짝이신다.

　나는 누가 뭐래도 아버지의 유전자다. 내가 옳아야 하고, 내 확신이 마음에 든다. 그런 유형은 결국 작아지고, 퇴화한다. 젊고, 키가 큰 아들이 더 배고프겠지. 아버지에게 분명 있었던 그 배려가, 분별력이 사라져 버렸다. 그렇게 아이가 되실 거면서, 늘 자신만 옳아야 한다고 핏대를 세우셨던 건가? 이보다 굉장한 수업은 없다. 순간의 승리가, 옳다는 자부심이 영원한 것이 아님을 아버지를 통해서 배운다. 밥이 모자란 우리의 아침은 서글픔이지만, 이보다 값진 수업은 없으니 이걸로 됐다. 이 여행이 막바지로 가고 있다. 나의 미래를 생생하게 목격하고 있다.

35

가장 감명 깊은 위인전
박상원, 이명심

여자 교도소 마사지 센터에서 한 컷, 수감자들이 사회 복귀 프로그램의 일환으로 마사지를 한다

나는 아직도 대단한 성공을 꿈꾼다. 때를 기다리는 중이다. 어머니는 아들 녀석이 왜 교사가 될 생각을 안 했을까? 부동산 경매를 해보지 않았을까? 아들이 성에 차지 않으신다. 어머니는 매일 묵주 기도를 드리신다. 나와 형의 건강, 성공이 기도 내용의 전부다. 부자 친구들이 암으로, 심근 경색으로, 뇌졸중으로 하나, 둘씩 세상을 떠난 걸 보면서도 여전히 돈돈하신다. 한 번쯤은 떵떵거리고 싶으신 거다. 인생은 단 한 번뿐이니까.

남들이 부러워하는 부자 친구들, 나도 있다. 그 친구들의 부모님보다 나의 어머니, 아버지가 훨씬 건강하시다. 어머니 친구 중에 가장 부자는 빌딩 소유주인데, 다른 빌딩 청소를 하신다. 소유했던 빌딩은 아들에게 줘버렸는데, 아들은 어째 부모가 귀찮은 눈치다. 아들과의 사이는 소원해지고, 운동삼아 빌딩 계단을 청소하신다. 어머니보다 더 부자는 많은데, 여행으로 뽕 좀 뽑은 사람은 단연 어머니다.

성공은 과연 돈일까? 돈이 답이라면, 우린 모두 행복해야 한다. 지구 전체로 보면 우리나라 사람 대부분은 상위 10% 부자니까. 아프리카, 아시아, 남미의 굶주리는 사람들에게 우리는 큰 부러움이다. 그게 나와 무슨 상관인가요? 대부분은 반박할 것이다. 그렇다면 자신보다 부자인 사람도 상관없어야 한다. 당장 끼니를 해결할 음식과 비 안 새는 집이면 족해야 한다. 강남의 아파트 가격에 불안할 이유가 전혀 없는 것이다. 강남 아파트를 사지 않으면 된다. 대부분은 이런 말을 지껄이는 내가 허황된 이상주의자로 보일 것이다.

자신과 마주칠 일도 없는 부자들을 부러워한다. 질투한다. 대한민국 1% 부자들과 식사를 한 적이 있다. 돈 이야기만 내내 했다. 그림, 와인, 골동품, 해외 주식 투자 이야기를 돌려가며 했다. 이만큼 벌면 됐다. 안심하는 사람은 없었다. 그중 한 사람은 부동산만 1조 원 이상을 소유한 부자였다. 수중에 돈만 있다면, 나도 여기저기 들쑤시고 다녔을 것이다. 돈이 눈덩이처럼 불어나는 재미를 어찌 외면할 수 있겠는가? 도박 중독자와 투자자는 본질적으로 아예 다른 부류일까? 가난뱅이의 이런 넋두리, 씨알도 안 먹히는 거 안다. 한 번이라도 부자인 적이 있어야 이런 말도 멋져 보이는 것이다.

나의 어머니는 굉장한 성공을 거두셨다. 하지만 누구도 어머니의 삶을 공부하고, 닮으려 하지 않을 뿐. 그래서 내가 전파한다.

자신의 결점을 쉽게 인정하신다. 어머니는 늘 스스로가 못생겼다고 하셨다. 지금 어머니는 인상 좋다는 말을 정말 많이 들으신다. 내면의 여유는 외모에 반영된다. 젊을 때 참 예뻤던 어머니 친구분들은 더이상 어머니보다 예쁘지 않으시다. 건강한 사람이 제일 예쁘다. 거북이처럼 미모 경주에서 역전승을 거두신 셈이다.

어머니는 지는 쪽을 택하셨다. 말싸움도, 외모도, 젊음(노안 소리를 그렇게 많이 들으셨다)도 연연하지 않으셨다. 이기려고 안달난 사람, 어머니를 무시하는 사람을 오래 담아두지 않으셨다. 그럴 수도 있지. 어머니에겐 그럴 수도 있지. 그런 사람들 뿐이었다. 어떻게 그럴 수가 있어? 세상에서 없어져야 할 사람이 단 한 명도 없다. '그럴 수도 있지' 세상이 천국은 아니지만, 지옥에서 한참 먼 곳임은 확실하다.

자신보다 아들 둘을 더 사랑하셨다. 세상의 어머니들 대부분이 그렇듯이, 자식뿐이셨다. 자기밖에 모르는 나 같은 사람은 아예 모르는 영역이다. 무한한 양보와 희생은 분명 손해지만, 그 손해가 끝내 손해는 아님을 세상 어머니들이 보여주고 있다. 나의 어머니도 그중 한 사람이다.

여행이 마냥 재밌으시다. 불편해서, 특이해서, 낯설어서 호랑이 기운이 샘솟으신다. 삶이 딱 한 번뿐인데, 장소라도 바꿔가며 살아봐야 하지 않겠나? 어머니는 억울하지 않은 삶을 본능적으로 꿰뚫고 계신다. 엷은 미소로 굳은 채 관에 누워 계시는 모습을 상상한다. 어머니는, 나의 어머니는 누구보다 가벼워진 채 관에 누우실 것이다. 언제든 죽을 수 있다. 죽어도 된다. 마지막 순간엔 담담해지실 테고, 그전까지는 자유로우실 것이다.

그럼 아버지는? 늘 어머니를 무시하는 잔소리 왕, 나의 아버지는?

할머니가 그렇게 갈라서라고 하셨을 때, "내 마누라입니다." 정색하고, 어머니를 지키셨다. 한 달 용돈 10만 원을 10년간 모으셔서 금 열 냥 목걸이를 어머니 목에 걸어 드리셨다. 딱 한 명만 지키면 된다. 아버지는 어머니에게 전부를 거셨다. 지긋지긋 싸워도, 내 사람이다. 그거 하나만큼은 둘이 같았다. 둘은 굉장한 성공의 주인공이다. 본인들은 잘 모르시겠지만…. 나의 위인전 컬렉션 맨 앞쪽에 박상원, 이명심이 쪼르르 있다. 오래오래 박수를 쳐 드리고 싶다.

36

늙어가는 어머니, 아버지.
나의 미래를 본다는 것

어머니, 아버지는 정말이지 최고의 사진 모델이다

- 차를 미리 잡아 놨어야지이이

　　공항까지 차로 10분 거리. 치앙마이는 작은 도시다. 공항이 도시 옆에 꼭 붙어 있다. 비행기 출발 시간은 세 시간도 더 남았다. 다섯 시간 전에 짐을 다 싸놓으라 명령하신 아버지는, 내 눈치만 살피셨다. 기다려도, 공항에서 기다리자. 아버지 말씀이 옳다. 그래요, 갑시다. 나섭시다. 애플리케이션 그랩(Grab)으로 택시를 부른다.

　　- 올 수 있는 택시가 없습니다.

　　이런 일은 또 처음이다. 코앞 공항 가는 택시가 한 대도 없다. 예상하지 못한 일이 일어나면, 나는 껍질만 사람인, 인형이 된다. 허우적허우적 손을 흔들지만, 정신은 반쯤 나가 있다. 제발 택시야, 잡혀라.

　　- 이런 것도 미리미리 준비도 못 하고, 뭐하는 놈이야?

　　미리미리? 어떤 세상을 바라시나요? 아버지가 대기업 회장이시면 가능합니다만. 비서가 만일의 사태까지 꼼꼼히 체크하고, 공항에 안락하게 도착할 수 있도록, 기사가 문 앞까지 대령하는 걸 바라셨다면 재벌 회장님이셨어야죠.

걸어서도 한 시간이면 가는 거리. 정 안 되면 툭툭, 썽태우를 잡아 타고 가면 된다. 택시가 아예 없다는 사실에 잠시 기가 막혔을 뿐이다. 기막혀하는 아들을 구석에 몰아넣으시고, 아버지는 노발대발하신다. 모두가 다 불안한데, 본인만 홀로 빠져나오신다. 숙소 사장 에디가 빨간색 썽태우를 세운다. 공항까지 100바트(4천 원)에 갑시다. 기사가 오케이 한다. 단돈 4천 원에 공항까지 태워주다니. 택시가 안 잡혀서, 오히려 저렴하게 갈 수 있게 됐다. 아버지는 딱 3분만 말을 아끼셨다면, 좀 더 멋진 아버지로 여행을 끝마치실 수 있었다. 26일간의 치앙마이는 이렇게 막을 내린다.

- 에이, 진짜. 조용히 좀 하라니까.

전날 우리는 작은 카페에서 잠깐 땀을 식혔다. 카페에 앉는 걸 질색하시는 아버지는 반값 할인이라는 말에 헤벌쭉해지셨다. 이제 막 문을 열었는지, 한시적으로 반값에 모든 메뉴를 파는 카페였다. 사원 하나를 보고 피곤하다 싶을 때 발견한 카페였다. 음료 세 개를 시켰더니, 우리나라 돈으로 딱 4천 원이었다. 아버지는 옆 서양인이 우릴 째려봤다며 갑자기 목소리를 낮추셨다. 평소에 가장 목소리가 큰 사람은 단연 아버지였다. 맥북을 펼친 서양 남자가, 우리의 대화를 불편해한다고 아버지는 확신하셨다. 그럼 조용조용 이야기하면 된다. 갑자기 아버지가 벌떡 일어나시더니 밖으로 나가셨다. 내가 입을 열 때마다, 서양 남자가 나를 째

려본다는 것이다. 누가 봐도 소란스러웠다면, 카페 사장이 우리한테 안녕하세요. 반갑습니다. 한국말로 또박또박 재롱을 피웠을 리 없다. 신나는 이야기라도 했다면 모를까, 다들 지쳐서는 차가운 커피를 마시지 않았던가? 소란이라니?

- 아버지, 왜 그러세요?

어머니와 나는 어쩔 수 없이 카페를 나왔다.

- 조용히 말하라고 했잖아. 그 남자가 째려보는 거 못 봤어?
- 조용히 말했잖아요. 이야기하는 건 아무도 뭐라 안 해요. 그걸로 화내면, 그 사람이 나쁜 사람인 거예요.
- 조용히 말하라고, 내가 몇 번을 이야기했어? 어?

뭔가 이상하다. 과대망상증인가? 피해망상증인가? 가볍게 흘려도 될 일인가? 무슨 말만 하면 삐쳐서, 입을 꾹 닫고 계시는 모든 행동들이 수상하기만 하다. 뭐가 그렇게 아버지를 두렵게 만드는 걸까? 서양인이 갑자기 총이라도 꺼낼까 봐서? 아버지, 왜 이렇게 약해지셨나요? 작아지셨나요?

어머니는 평생 따뜻한 천국 태국에서 살고 싶으시다. 애원하는 눈빛으로 아무리 아들에게 호소해도, 어머니는 한국으로 가셔야 한다. 아들에게 자유가 얼마나 간절한지 어머니는 상상도 못 하실 것이다. 어머니, 아버지를 공항에서 배웅하고 나는 달랏으로 간다. 베트남 달랏, 산과 꽃의 도시, 며칠만 좋을 것이다. 그 며칠이 지나면 권태가 찾아오겠지. 모든 설렘은 유통기간이 있다. 언젠가 24시간 부모님 수발을 들어야 할 때도 내내 괴롭지 않을 것이다. 걱정이 앞서가며 협박할 뿐이다. 막상 닥치면, 적응한다. 산다. 우리의 권태는 그러니까 유용한 것이다. 부모님의 똥기저귀도 한 달만 갈면 무덤덤해질 것이다. 그깟 똥기저귀가 뭐라고.

어머니와 아버지, 그리고 아들의 10년 후, 20년 후를 미리 봤다.

이보다 값진 여행은 없을 것이다.

Epilogue

아버지, 일어나셔요

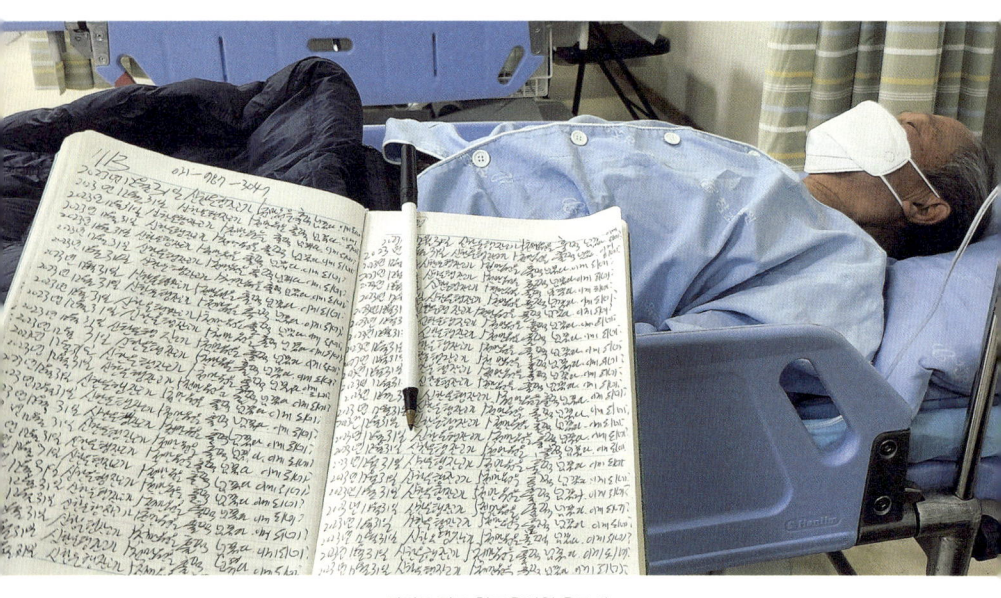

경기도 광주 참조은병원 응급실

아버지, 아버지는 지금 무슨 생각을 하고 계세요? 빨리 집으로 돌아가 프로야구를 보고 싶으세요? 어머니가 끓여 주신 뜨끈한 된장찌개에 밥 한술 뜨고 싶으세요? 식탐이 없으신 분이니 밥은 아닐 것 같고, 애지중지 TV가 가장 그리우실 것 같네요. 며칠 전부터 아버지는 한쪽 손을 떠셨어요. 다음날 떨던 손이 잠잠해지셔서 우린 안심했더랬죠. 그리고 어제, 어머니가 사시나무 떨듯 떨며 아버지와 들어오셨죠. 동네 슈퍼에서 아버지를 끌다시피 데리고 오신 어머니는 백지장처럼 창백해지셨어요. 아버지 갑자기 왜 다리가 풀리신 건가요? 그 몸으로 다음날 공공근로를 나가시다니요? 월급 30만 원, 초등학교 교통지도가 아버지에겐 너무나 소중한 직업이었으니까요. 출근을 말리시던 어머니가 결국 뒤따라 나서셨고, 불효자는 글 쓴다는 핑계로 다녀오세요. 고개만 끄덕이고 말았죠. 아버지가 아예 못 걸으셔야. 어머니의 다급한 전화 목소리에 뛰어나갔더니, 아버지는 벤치에서, 어머니는 그 옆에서 발을 동동 구르며 오돌오돌 떨고 계셨어요. 아, 아버지. 아, 어머니.

기가 막힌 광경이었는데, 한편으론 기뻤어요. 전 알았거든요. 이런 날이 올 거라는 걸요. 그 누구도 영원히 살 수 없다면, 이런 순간 역시 피할 수 없는 거 아니겠어요? 차앙마이를 모시고 가던 그때의 결정이 옳았음을, 우리에게 찾아온 단 한 번의 기회였음을 그 자리에서 바로 깨달았지 뭐예요. 따지고 보면 기적 아닌 게 어디 있겠습니까만 우리의 여행은 기적 그 자체였죠. 통장 잔고 2백만 원으로 25박26일 한 달 살기를 꿈꾼 나란 놈이나, 영어 단어 하나 제대로 못 읽으시는 칠십 대 부부가 치앙마이까지 오신 거나 다 말도 안 되는 일이었어요. 우리 여행이 끝나자마자 코로나로 세상의 모든 여행이 멈췄죠. 우리의 여행을, 그 무지막지한 행운을 얼마나 많은 사람들이 부러워했는지 아세요? 우리가 만든 기적이었어요. 싸우고, 후회하고, 화해하던 날들이 최고의 날들이었던 거죠. 아버지, 치앙마이가 이제는 좀 그리우신가요? 맛나게 드셨던 망고의 향을 기억하세요?

혈압도, CT, 엑스레이 촬영도 다 정상이래요. 그러니 아버지 안심하세요. 풍 온 거 아니래요. 미아리 철봉왕이 약해지시면 쓰나요? 그런데 왜 걷지를 못하셔요? 왜 아파트 비밀번호를 누르지 못하고 30분을 서성이셨나요? 그놈의 TV 리모컨을 부숴 버릴까 봐요. 소파에 자석처럼 딱 달라붙어서 새벽 네 시까지 TV만 보시는데, 몸이 어찌 버티나요? 병은 아버지가 자초하셨어요. 움직이셔야 해요. 매일 나가서 산책도 하시고, 등산도 하시고요. 근육 하나 없는 다리로 어떻게 성한 걸음을 욕심내셔요? 치앙마이에서 짜증을 참지 못하시던 그때가 병의 시작이었을까요? 몸이 곪아서 마음도 곪았던 건데, 사사건건 따지기만 했던 아들이었던 걸까요? 못난 아들은 확언 일기를 쓰겠습니다. 100번을 100일 쓰면 그 어떤 소원도 이룰 수 있대요. 성공한 사람들이 그렇다는데 가난뱅이 아들놈이 어떻게 토를 달겠어요? 백일 후에 5천만 원이 들어올 거니까 두고 보셔요. 아파트 새시를 갈아서 바람 숭숭 집구석을 따뜻하게 좀 해놔야겠어요. 20년 된 부엌도 한샘 시스템키친으로 바꾸려면 5천만 원이 필요해요. 이 돈으로 아버지를 고치는 명의를 반드시 찾아낼 거예요. 간절할수록 이루어질 확률이 높다니까, 이 소원은 이루어질 수밖에 없겠네요. 아버지와 구급차에 타면서도 저는 이 노트를 악착같이 챙겼어요. 한심한 놈이라뇨? 아버지는 아들만 믿으세요. 치앙마이 여행이 왜 마지막이에요? 사지 멀쩡해져서 퇴원하실 건데, 그 튼튼한 팔다리로 발리든, 푸켓이든 또 가셔야죠. 아들 기 팍팍 죽여가며 큰소리도 치셔야죠. 안 아프고 사는 사람도 있나요? 그러니 우린 놀라서도, 절망해서도 안 돼요. 공평하게 누구나 넘는 허들인 거에요. 이 허들 잘 넘어 봐요. 그리고 따뜻한 나라에서, 아들아, 고맙다, 아버지, 감사합니다. 닭살 돋는 애정 표현도 남발해 가며 붉은 석양에 물들어 보자고요. 그러니 아버지 어서 일어나셔요. 비행기 퍼스트클래스 한번 타보실래요? 침대처럼 활짝 펴진 의자에 누워서, 살아 있기를 잘했다. 건강해지길 잘했다. 와인잔을 힘껏 올리고, 아들과 짠, 건배 한번 해보실래요?

2023년 11월 13일 월요일
경기도 광주 참조은병원 응급실에서

대환장 치앙마이 한 달 살기
25박26일 치앙마이 불효자 투어

초판 1쇄 발행 2024년 1월 15일

지은이 박민우
펴낸이 박민우

편집 박민우
디자인 퍼블루션

펴낸곳 도서출판 박민우
출판등록 2023년 11월 22일 등록번호 117-92-01976
주소 경기도 광주시 회안대로 350-25 107동
이메일 modiano99@naver.com

ISBN 979-11-985798-0-5(03980)

· 이 책은 저작권법에 따라 보호받는 저작물이므로 무단 전재와 무단 복제를 금하며, 이 책 내용의 전부 또는 일부를 이용하려면 반드시 저작권자와 도서출판박민우의 서면 동의를 받아야 합니다.
· 제작 인쇄 및 유통상의 파본 도서는 구입하신 서점에서 바꿔드립니다.
· 값은 뒤표지에 있습니다.